Thomas Jendrosch

Impression Management

AF126559

Thomas Jendrosch

Impression Management

Professionelles Marketing
in eigener Sache

GABLER

Bibliografische Information der Deutschen Nationalbibliothek
Die Deutsche Nationalbibliothek verzeichnet diese Publikation in der
Deutschen Nationalbibliografie; detaillierte bibliografische Daten sind im Internet über
<http://dnb.d-nb.de> abrufbar.

1. Auflage 2010

Alle Rechte vorbehalten
© Gabler | GWV Fachverlage GmbH, Wiesbaden 2010

Lektorat: Irene Buttkus

Gabler ist Teil der Fachverlagsgruppe Springer Science+Business Media.
www.gabler.de

Das Werk einschließlich aller seiner Teile ist urheberrechtlich geschützt. Jede
Verwertung außerhalb der engen Grenzen des Urheberrechtsgesetzes ist ohne
Zustimmung des Verlags unzulässig und strafbar. Das gilt insbesondere für
Vervielfältigungen, Übersetzungen, Mikroverfilmungen und die Einspeicherung
und Verarbeitung in elektronischen Systemen.

Die Wiedergabe von Gebrauchsnamen, Handelsnamen, Warenbezeichnungen usw. in diesem
Werk berechtigt auch ohne besondere Kennzeichnung nicht zu der Annahme, dass solche
Namen im Sinne der Warenzeichen- und Markenschutz-Gesetzgebung als frei zu betrachten
wären und daher von jedermann benutzt werden dürften.

Umschlaggestaltung: KünkelLopka Medienentwicklung, Heidelberg

Gedruckt auf säurefreiem und chlorfrei gebleichtem Papier

ISBN 978-3-8349-2104-8

Für Alexander, Benedikt und Christopher

Ein offenes Wort vorweg

„The show must go on."

Wer heute erfolgreich sein will, der muss besser sein als andere, die genau das Gleiche wollen. Und wer sich aus der Masse abheben will, der muss anders sein als andere. Marketingexperten raten daher zur USP (Unique Selling Proposition), das heißt zur Betonung der Einzigartigkeit. Solche Alleinstellungsmerkmale sorgen dafür, dass man sich von anderen unterscheidet, an Profil gewinnt und dadurch besser bei der Zielgruppe im Gedächtnis bleibt. So gibt es bekanntlich viele Musiker, Politiker und Schauspieler. Aber nur wenige haben das „gewisse Etwas", das beim Publikum haften bleibt.

Was früher nur für Unternehmen, Marken, Produkte und Stars wichtig war, nämlich gezielt ein positives und markantes Image aufzubauen, das verspricht heute auch im privaten Bereich einen wachsenden Nutzen.

Etwa bei Bewerbungsgesprächen, wo man sich durch besondere Fähigkeiten, Merkmale und ein klares Persönlichkeitsprofil von den Mitbewerbern abheben kann.

Und auch im Job, angestellt oder selbstständig, kommt es auf eine Top-Performance an. Wer sich richtig positioniert, an den wird auch gedacht, wenn es im Business darauf ankommt.

Oder im Internet, wo man mit seiner Botschaft (Musik, Kunst, Politik usw.) nur dann jemanden erreicht, wenn man entsprechende Popularität oder Bekanntheit besitzt.

Aber auch bei der Partnersuche zählt der persönliche Eindruck, den man bei seinem Gegenüber hinterlässt. Attraktiv ist, wer eine interessante Persönlichkeit bietet. Daher lohnt es sich durchaus, Überlegungen anzustellen, wie man sein Persönlichkeitsprofil entsprechend schärfen kann.

Natürlich kann man sich auf den Standpunkt stellen: „Ich habe so etwas nicht nötig, ich bleibe wie ich bin!" Echtheit und Unverstelltheit in allen Ehren, aber bereits das Beispiel der Bewerbung um eine Arbeitsstelle zeigt, dass es Sinn machen kann, sich den Erwartungen seiner Umgebung anzupassen – sofern man den Job tatsächlich bekommen will.

Übrigens vergleichen auch Soziologen wie der Amerikaner Erving Goffman das gesamte Leben mit einer Theaterbühne, auf der wir unsere alltäglichen Rollen spielen müssen – ob wir nun wollen oder auch nicht. Tagsüber sind wir zum Beispiel Manager, Schüler oder Hausfrau und abends wiederum Familienvater, Fußballtrainer oder Hobbypolitiker. Unsere Rollen, unsere Erscheinung und unser Auftreten wechseln schon jetzt rund um die Uhr – je nach Anlass und zumeist völlig automatisch.

Impression Management ist ein professionelles Verfahren, mit dem man sein Rollenbild bewusster definieren und lenken kann. Wer klare Vorstellungen hat und weiß, was er will, der findet immer Anhänger. Mit Charisma verschafft man sich das gewünschte Ansehen leichter. Menschen suchen intuitiv den Erfolg, auch bei anderen Menschen. Deshalb hilft Impression Management auch, den persönlichen Marktwert spürbar zu steigern. Sie werden es merken: Ihre Homepage verzeichnet plötzlich mehr Zugriffe, Ihr Google-Ranking steigt, die Zahl Ihrer Freunde bei MySpace, StudiVZ & Co. wächst. Und auch im realen Leben gewinnen Sie an Ansehen, wird Ihnen mehr Aufmerksamkeit zuteil, wächst Ihre Prominenz. Manch verantwortungsvolle Aufgabe wird Ihnen nur deshalb übertragen, weil Sie genau das Bild abgeben, das passend und stimmig für den neuen Job ist.

In einer Gesellschaft, die zunehmend von einer „Aufmerksamkeitsökonomie" geprägt ist, kann Bekanntheit sogar echte materielle Vorteile verschaffen. Berühmtheiten und Celebrities finden sich zuhauf in den Medien wieder. Populäre Menschen werden zu Partys und Empfängen eingeladen, bei denen andere nur Zaungäste sein dürfen. Beeindruckende Persönlichkeiten werden letztlich Teil eines großen Netzwerkes, das wiederum dafür sorgt, die Popularität und den Erfolg gegenseitig weiter zu befördern.

Jetzt sind Sie gefragt: Wollen Sie weiterhin nur Zaungast bleiben oder nehmen Sie Ihr Schicksal in die Hand? Dieses Buch mit seinen Empfehlungen zum Impression Management liefert Ihnen jedenfalls die dazugehörigen Tools, Techniken und Theorien, um erfolgreiches Marketing in eigener Sache zu betreiben.

Denn auch für die eigene Bedeutsamkeit gilt: Von nichts kommt nichts!

Korschenbroich im Dezember 2009   Thomas Jendrosch

Inhalt

1. Play it again, Sam – Das ganze Leben ist eine Bühne

*„Und wenn du den Eindruck hast,
dass das Leben Theater ist,
dann such dir eine Rolle aus,
die dir so richtig Spaß macht."*
(William Shakespeare)

Doppelrollen

In dem Film „Zwielicht" spielt Richard Gere einen Anwalt, der einen Angeklagten mit angeblich „multipler Persönlichkeit" verteidigt. So spannend wie der Thriller selbst ist auch die Frage, ob es Menschen mit unterschiedlichen Persönlichkeiten tatsächlich gibt. Auch hier hilft das Kino weiter, denn man braucht sich nur an die Geschichte von Dr. Jekyll und Mr. Hyde zu erinnern, wo es zumindest zwei Herzen sind, die in ein und derselben Brust schlagen. Und auch wer das Nachtradio im WDR mit Jürgen Domian verfolgt, der lernt dort Menschen kennen, die Doppelleben führen, die also mehr als nur eine Seite in ihrem Verhalten zeigen.

Infobox 1.1: Rollenstudien im Fernsehen: „Wife Swap" – Frauentausch

> In der RTL2 Fernseh-Doku-Soap „Frauentausch", die nicht nur in Deutschland erfolgreich läuft, prallen unterschiedliche Lebenswelten aufeinander. Ehefrauen tauschen für eine Zeit lang ihre Familien. Hier sind plötzlich Flexibilität und Anpassungsfähigkeit gefragt. Das Konfliktpotenzial dieses Personentauschs ist groß, weil jede Familie klare Rollenstrukturen und Erwartungen an ihre Ehefrau und Mutter hat. Je unterschiedlicher die soziale Herkunft, desto größer die Enttäuschungen und der Streit – und mithin der Unterhaltungswert dieser Sendung.

Wechselndes Verhalten

Fakt ist wohl, dass wir alle uns – je nach Situation – immer wieder anders verhalten. Unbeobachtet bohrt manch einer in der Nase, der sich in der Öffentlichkeit (hoffentlich) zusammenreißt. Auch beim Finanzamt stellt man sich vermutlich ärmer dar als kurz darauf beim Flirt mit einem potenziellen Partner. So spielen wir auch im Berufsleben unsere tägliche Rolle als engagierter Angestellter. Der Lehrer füllt seine Lehrerrolle pädagogisch aus, der Richter seine gerechte Richterrolle, und auch der Bäcker spielt seine Rolle als Frühaufsteher, so wie man es seit Generationen von ihm erwartet. Das ist die Normalität im sozialen Zusammenleben, die unser Leben plan- und berechenbar macht.

Infobox 1.2:
Eindrücke
können wechseln

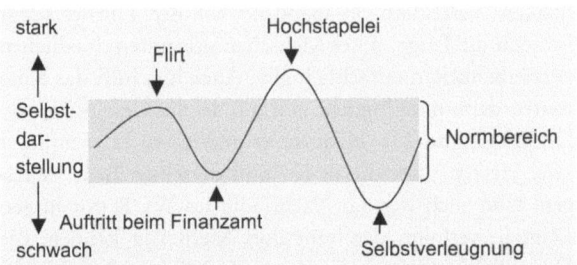

Menschen passen ihr Verhalten der Situation an, in der sie sich befinden. Die Rolle, die dabei gespielt wird, ist Ausdruck eigener Absichten und fremder Erwartungen. Das Rollenspektrum einer Person kann begrenzt oder geradezu unermesslich sein. Auch die Selbstdarstellung kann typ- und situationsbedingt extrem (zum Beispiel Hochstapelei) oder eher bescheiden (zum Beispiel Selbstverleugnung) ausfallen, wie Infobox 1.2 zeigt.

Bleiben Sie in Ihrem Verhalten durchaus variabel. Das macht Sie vielseitig und interessant. Aber übertreiben Sie auch nichts. Sonst verunsichern Sie Ihre Umwelt.

Theaterwelt

Der amerikanische Soziologe Erving Goffman beschreibt in seinem Buch „Wir alle spielen Theater" die soziale Realität des Menschen treffend. Das Leben ist demnach ein großes Schauspiel und ein Bemühen um Anerkennung. „Die allgemeine Vorstellung, dass wir uns selbst vor anderen darstellen, ist kaum neu", stellt Goffman fest (S. 290). Tatsächlich können wir uns kaum vorstellen, dass es jemals anders gewesen sein könnte.

Aber bei dem Spiel auf der Bühne geht es ja nicht nur darum, eine Rolle auszufüllen, sondern auch darum, sich darzustellen und dafür Applaus zu ernten. So gesehen sind wir nicht nur lebenslange Schauspieler, sondern auch entsprechende Selbstdarsteller. Der eine mehr, der andere weniger. Aber dennoch brauchen wir die Resonanz unseres Publikums, brauchen wir den bestätigenden Sozialkontakt, der uns versichert, wie gut wir unsere Rolle als Mensch im Alltag spielen.

Applaus für gelungene Selbstdarstellung

• Harald Juhnke	(„Ein verrücktes Paar")
• Jennifer Aniston	Rachel („Friends")
• Claus Theo Gärtner	Matula („Ein Fall für Zwei")
• Horst Tappert	Oberinspektor („Derrick")
• David Carradine	Kwai Chang Caine („Kung Fu")
• Ingrid Steeger	Tochter Gabi („Klimbim")
• Klausjürgen Wussow	Professor Brinkmann („Schwarzwaldklinik")

Infobox 1.3: Imageprägende Rollen

Manche Menschen kleben geradezu an ihrer Rolle, mitunter ein Leben lang. Berufsschauspieler kennen das Problem als die berühmte „Nummer", aus der man nicht mehr herauskommt (Infobox 1.3). Als interessanter Schauspieler gilt dagegen, wer in der Lage ist, unterschiedliche Rollen zu spielen, wer also nicht nur auf einen Typus festgelegt ist. Diese Fähigkeit, in verschiedene Rollen zu schlüpfen, bezeichnen wir als Flexibilität – im Denken, Fühlen und Handeln. Im Extremfall erinnert diese Anpassungsfähigkeit an ein Chamäleon, das seine Hautfarbe stets nach der Umgebung richtet. Andererseits wirkt eine fehlende

Flexibilität im Denken und Handeln

Anpassungsfähigkeit starr, hölzern und einfältig wie eine Kasperl-Puppe, die nur für die immer gleiche Spielsituation taugt.

Versuchen Sie öfter mal etwas Neues, um sich flexibel zu zeigen. Zur Abwechslung kann man den Kollegen in der Kantine z. B. „Guten Hunger" statt „Mahlzeit" zum Mittag wünschen. Aufmerksamkeit ist Ihnen durch solche Individualität sicher.

Infobox 1.4: Aalglatt oder mit Ecken und Kanten?

Menschen, die ihr Fähnlein nach dem Wind richten, gelten als Opportunisten. Im Beruf machen sie damit (womöglich) Karriere, privat kommt diese Haltung meist weniger gut an. Andererseits ist es aber auch eine Kunst zu spüren, woher ein Wind weht, oder vorauszuahnen, in welche Richtung er drehen wird. Dieses Gespür ist zum Beispiel politisch von Nutzen, wenn es gilt, die Wählerstimmung oder auch nur den Zeitgeist zu erfassen. Auch Musiker und Schriftsteller müssen Trends erkennen und sich nach ihnen richten, sofern sie erfolgreich, das heißt hier massenkompatibel, arbeiten wollen.

Wer eher seinen Prinzipien folgt, mag mit sich selbst im Reinen bleiben, vergibt aber auch die Chance für (mitunter notwendige) Selbstanpassungen und „Markterfolge". Prinzipientreu und zugleich flexibel – das wäre eine wohl interessante und anzustrebende Persönlichkeitsstruktur.

Something special

Interessante Menschen haben das gewisse Etwas, das sie besonders macht. Besonders gut, besonders beliebt oder auch besonders abstoßend. Aber eine charismatische Ausstrahlung haben sie wohl alle. So wie die folgenden Politiker (Infobox 1.5), deren ausgeprägtes Persönlichkeitsprofil entsprechend häufig Gegenstand bissiger Medienkommentare war und ist.

• Silvio Berlusconi	„Medienzar"
• Jürgen Möllemann	„Provokanter Freidemokrat"
• Jörg Haider	„Rechtspopulist"
• Ronald Schill	„Richter Gnadenlos"
• Oskar Lafontaine	„Begnadeter Demagoge"
• Gregor Gisy	„Wahlkampflokomotive"
• Gerhard Schröder	„Medienkanzler"
• K.-Th. zu Guttenberg	„Baron aus Bayern"
• Gabriele Pauli	„Egomanin"

Infobox 1.5: Politische Selbstinszenierung im Medienecho

Allen oben genannten Personen ist eine charismatische Ausstrahlung zu eigen, die für populistische wie demagogische Zwecke genutzt werden kann. Entsprechend umstritten sind beziehungsweise waren diese Persönlichkeiten – insbesondere bei ihren politischen Gegnern. Noch weiter geht Heiner Geißler, ehemaliger CDU-Generalsekretär, in seiner Einschätzung: „Der Bedarf an deutschen Charismatikern ist bei uns noch für eine Weile gedeckt." (FAS v. 14.06.09)

Aber liegt er damit richtig? Gab es nicht immer schon Menschen, die mehr Eindruck machten als andere, an deren Namen man sich auch heute noch gern erinnert? „Ja, der Franz Josef Strauß zum Beispiel", wird manch einer einwenden, „das war ein ganz besonderer Politiker." Für viele Besucher des Politischen Aschermittwochs in der Passauer Nibelungenhalle war und ist „FJS" bis heute ein Idol, auf das man nichts kommen lässt. „Strauß hing über meinem Bett", erinnerte sich etwa der frühere CSU-Generalsekretär Markus Söder an seine Jugend. Und auch Gabriele Pauli, die ehemalige CSU-Landrätin aus Fürth, erkennt an: „Ich habe seitdem nie mehr solche Reden erlebt, die so viele Tausende zusammengeführt haben."

Charisma verspricht kein leichteres Leben. Je mehr Profil Sie zeigen, desto mehr Reibungspunkte liefern Sie zugleich.

Entscheiden Sie selbst, wie viel Wirbel um Ihre Person Sie letztlich vertragen können.

Infobox 1.6:
Charisma – eine
Gnadengabe?

Schon in der Antike kannte man Menschen, die über besondere Gaben verfügten. Sie galten als begnadet, weil ihre Gaben und Talente als Gottesgeschenke angesehen wurden. Propheten, Heiler und Erlöser zählten dazu, aber auch besonders schöne Menschen, wie etwa die drei Chariten, die man besser als die „Drei Grazien" kennt. Auf Bildern des Malers Peter Paul Rubens etwa verkörpern die drei Frauen die Ausstrahlungsmerkmale „Glanz", „Frohsinn" und „Blüte". Glaubte man früher, Charisma sei eine Ausstrahlung, die bereits in die Wiege gelegt wird, so versteht man heute darunter auch eine systematisch trainierte und bewusst gestaltete Ausstrahlungskraft.

Besuchen Sie doch einmal ein Charisma-Seminar oder einen Impression Management Workshop. Dabei trainieren Sie Ihre Persönlichkeit und lernen vielleicht sogar noch nette Leute kennen. Das tut der Ausstrahlung gut und vergrößert Ihr soziales Netzwerk.

Bretter, die die
Welt bedeuten

Weniger die politische als vielmehr die Medien-Bühne übt offenbar zunehmend eine magische Anziehungskraft auf die Menschen aus, denn noch nie drängten so viele Menschen ins Rampenlicht wie heute. Die Karteien der Casting-Agenturen sind voll mit Interessenten, die ihr Talent unter Beweis stellen wollen, sei es als Film-Komparse oder als Gast in einer Rateshow. „American Idol" und seine Ableger (zum Beispiel „Deutschland sucht den Superstar") in allen Ländern der Welt ist das mit Abstand erfolgreichste Showformat der letzten Jahre. Wer glaubt, singen zu können, strebt auf die Bühne. Und auch wer es nicht kann, hat es wenigstens einmal versucht.

Man muss eigentlich nur bereit sein mitzumachen. Was könnten Sie vorführen: Ein Lied singen, ein Gedicht vortragen, einen Bauchtanz abliefern? Dabei sein ist heute schließlich alles.

Man sieht an diesem Phänomen deutlich, wie Medien unser Verhalten und unsere Vorstellung von der Welt prägen – ob wir dies wollen oder nicht. Konsumenten verbringen über drei Stunden pro Tag vor dem Fernseher oder auch am Computer – ein Medienverhalten, das in Fleisch und Blut übergeht. So werden Menschen letztlich das, was sie lieben: Serienjunkies zum Beispiel, wie das Beliebtheitsranking in Infobox 1.7 zeigt. Ärzte und Cops kommen in der Fernsehwelt immer gut an.

> • „Dr. House" (Arztserie)
> • „CSI Las Vegas" (Krimi)
> • „CSI Miami" (Krimi)
> (Quelle: Eurodata TV, 2008, weltweit)

Infobox 1.7: Beliebteste TV-Serien

Wenn Sie Menschen heute erreichen, ansprechen und für sich interessieren wollen, dann sollten Sie das vorhandene Medieninteresse der Masse nutzen. Über Medienthemen kommt man leicht mit anderen ins Gespräch: „Auch gestern Abend Gottschalk gesehen?" Und schon ist man selbst im Gespräch – notfalls auch mit wildfremden Menschen. Betreiben Sie einfach mediales Name-Dropping. Den Namen von Terry Hatcher (Desperate Housewife) kennt heute schließlich fast jeder, den des Bundespräsidenten nicht unbedingt. Darum darf man sich ruhig ans thematisch Schlichte halten.

Smalltalk

> • „Desperate Housewives"
> • „Monk"
> • „Ugly Betty"
> (Quelle: Eurodata TV, 2008, weltweit)

Infobox 1.8: Beliebteste TV-Kömodien

Casting im Berufsleben? Die Medien halten auch in Unternehmen Einzug, wie das Beispiel des Firmen-Fernsehens zeigt. Umgekehrt ist die Business-Welt aber immer häufiger auch im TV angekommen. Und zwar nicht nur in den Wirtschaftsnachrichten, sondern auch im Entertainment. Wer in Castingshows Eindruck macht, kommt bekanntlich weiter, wer blass und ohne Kontur bleibt, fliegt raus. Auch Multimillionär und Unternehmer Donald Trump praktiziert das so in seiner Bewerbershow „The Apprentice", deren nationale Ableger ja in vielen Ländern ausgestrahlt werden. Angehende Manager werden hier auf den öffentlichen Prüfstein gestellt. Den Zuschauern jedenfalls gefällt diese Vorstellung, wie die Quoten zeigen.

„You're fired!"
(Donald Trump)

Bewerber-schauspiel Viele fühlen sich offenbar berufen, aber nur wenige sind auserwählt, was das naturgegebene Charisma betrifft. Ob sich echte Bewerbungsverfahren und Assessment Center heute wirklich noch viel von den Fernsehvorbildern unterscheiden? Personalchefs würden bei dieser Frage vermutlich vehement mit dem Kopf nicken. Aber zumindest die Vielzahl der am Markt angebotenen Trainingsseminare für Bewerber und Assessment-Center-Probanden spricht eine andere Sprache, nämlich die der Schauspielbühne.

➲ Bewerbungstrainings und Benimm-Schulen sind eigentlich keine schlechte Sache. Sie fördern das Selbstvertrauen und verbessern dadurch auch Auftreten und Ausstrahlung. Übung macht Meister, auch in der persönlichen Performance.

Mensch als Marke „The Donald", wie sich Millionär und Moderator Trump selbst nennt, hat sich nicht nur seinen Spitznamen, sondern auch seinen markigen Kündigungsspruch (siehe oben) aus der Fernsehshow als Markenzeichen schützen lassen. Das ist echtes Personal Branding – auch in juristischer Reinkultur.

Rausfliegen muss aber gar nicht mehr sein, sagt selbst Dieter Bohlen, der ja weiß, wie man Erfolge produziert: Nur ein Prozent Talent, aber 99 Prozent Fleiß sind nötig, um erfolgreich zu sein. Naturgegeben ist hier gar nichts, sondern alles nur eine Frage der richtigen Strategie und des richtigen Managements. Das ist der Bohlen-Weg zum Erfolg.

Fleiß

Wer also den Ruhm sucht, muss zuvor die richtige Strategie für seinen Auftritt in der Öffentlichkeit finden. Genau hier ist Impression Management gefragt, die Kunst der professionellen Inszenierung und des passenden Image-Designs. Die eigene Performance muss professionell sein, der Auftritt top, die Wirkung punktgenau, nur so stellt sich Erfolg verlässlich ein – meistens jedenfalls.

Inszenierung

Impression-Management im Alltag? Kein Problem! Verlieren Sie doch einfach einmal Ihre Kreditkarte im Supermarkt. Absichtlich natürlich. Und zwar so, dass sie auch sicher gefunden wird. Bald darauf folgt die Durchsage: „Die Kundin Frau Meier bitte zur Information ..." Das ist das Startsignal für Ihren Auftritt, für Ihre Inszenierung. Sie können die Wirkung sogar noch steigern, indem Sie sich Zeit lassen. Wenn jetzt die Wiederholung kommt, „Die Kundin Frau Meier bitte DRINGEND zur Information ...", dann ist Ihnen die Aufmerksamkeit der Kunden sicher. Jetzt müssen Sie den Gang zur Kasse nur noch perfekt performen. Und nach einiger Übung funktioniert das Ganze dann auch am Flughafen, am Bahnhof oder sonstwo vor größerem Publikum.

Betrachtet man die vielen missglückten Auftritte bei Bewerbungen, Castings, aber auch im Internet, sei es auf der selbstgebastelten Homepage oder auf Profilseiten wie MySpace, so gibt es in Sachen Impression Management noch viel zu tun. Nicht, um all den Betroffenen zu Ruhm und Ansehen zu verhelfen, sondern allein schon, um ihnen Peinlichkeiten und Fehleindrücke zu ersparen.

Peinliche Profile

Infobox 1.9:
Einsatzfelder von
Impression
Management

Situation

Vorstellungsgespräch
Fachvortrag
Flirt
Interview
Medienauftritt
Kritikgespräch
Verkaufsverhandlung
Beratungsgespräch
Internetauftritt
Pressemitteilung usw.

Wow-Effekte

Die Einsatzfelder von Impression Management sind jeden-falls groß und lange noch nicht alle bestellt. Infobox 1.9 zeigt, dass nicht nur das Bewerbungsgespräch ein nahelie-gender Einsatzbereich ist, sondern auch der Fachvortrag, in dem man sich gezielt in Szene setzen kann. Das ist hier gar nicht abwertend gemeint, denn die Zuhörer haben ein Recht darauf, von einem kompetenten und eloquenten Redner unterhalten zu werden. Ansonsten könnte man seine Zeit als Zuhörer auch anders verbringen. Insofern sollte der Redner durchaus sein Wissen und seine Aus-drucksfähigkeit durch eine entsprechende Ausstrahlung unterstreichen. Nur so erreicht man dann den berühmten „Wow-Effekt", der zu Bewunderung oder doch zumindest zu einem anständigen Applaus verhilft.

Charmante Flirter
machen Eindruck

Auch der Flirt ist eine typische Situation, um Eindruck zu generieren. Studien der Verhaltensforscherin Christiane Tramitz zeigen allerdings durchgängig, dass gerade Män-ner in solchen Situationen zur Übertreibung neigen. Das Dominanzgehabe gegenüber der potenziellen Partnerin erinnert an das aus dem Tierreich bekannten „Aufplus-tern". Im Gegensatz zu weiblichen Vögeln, die darauf wohl reagieren würden, werden menschliche Weibchen meistens dadurch verschreckt.

Eindruck macht immer auch die sprachliche Eloquenz, gerade in einer Welt, die chronisch kommuniziert. Wer also Gespräche führt, sei es im Verkauf, sei es mit seinen Mitarbeitern oder auch im Interview mit der Presse, der sollte sich entsprechend artikulieren können. Wer es nicht kann, macht zwar auch Eindruck, aber wahrscheinlich einen ungünstigen. Schlagfertigkeit und Größe des Wortschatzes lassen sich durchaus trainieren. Am besten ist es, einfach von den Besten zu lernen, also sich Vorbilder zu suchen, die es tatsächlich „drauf haben". Larry King auf CNN ist zum Beispiel ein solcher Sprachprofi, ein echtes Rundfunkfossil. Er ist in der Lage, locker zu plaudern – und zwar mit jedem Gast und zu jedem Thema.

Sprachlicher Ausdruck

Sie wollen Ihre Ausdruckskraft trainieren, einfach schon beim Autofahren? Dann hören Sie bewusst Radio. Weg mit dem immergleichen Dudelfunk und hin zu Sendern wie Deutschlandfunk oder WDR5. Da finden Sie die echten Sprachprofis und Wortbeiträge mit Niveau.

Letztlich ist natürlich auch die „Schreibe" wichtig. Wer viele SMS ins Handy tippt, der bekommt kräftige Finger, aber nur selten auch einen ansprechenden Stil. Dichte Information ohne Punkt und Komma mag zwar pragmatisch sein, gut lesbar ist sie aber nicht. Daher gilt auch hier: Viel lesen und viel schreiben. Das Umfeld prägt, die Gewohnheit schult. Wer nur die BILD liest, wird selten wie die FAZ schreiben (können). Klingt gemein und ist auch so gemeint.

Schriftlicher Ausdruck

> *„Ich mÖchtE bElchTen, Dass ICH nIchT Auf dIE gRoß-*
> *uNd-kLeiN-SchreIbUng aChTe."*
> *(Quelle: Beichthaus.com)*

Texte sind tatsächlich öfter gefordert, als man denkt. Eine E-Mail will ordentlich formuliert sein, ohne dass man sich beim Empfänger disqualifiziert. Und auch dem per-

Ordentlichkeit macht Eindruck

21

sönlichen Text bei MySpace & Co. wird eine erkennbare Struktur Eindruck verleihen. Dass in Betrieben auch noch Briefe geschrieben werden und manchmal auch Prospekt-, Werbe- und Pressebeiträge, versteht sich von selbst. Überall hier kann man entweder glänzen oder glanzvoll untergehen. Es liegt ganz an Ihnen.

➡ Üben Sie „sauberes" Schreiben. Schauen Sie sich zum Beispiel gut formulierte E-Mails an und übernehmen Sie Wortwahl und Struktur. Ein Betreff, eine förmliche Anrede, eine klare Botschaft sowie Grußformel und Kontaktdaten zum Schluss – mit solchen Details kann man beim Empfänger punkten.

Kursraketen

Impression Management wird zunehmend auch zur Chefsache. Und dies nicht ohne Grund. Der CEO muss auf seine Wirkung bedacht sein, damit der Aktienkurs steigt. Und auch der Manager tut gut daran, sein Standing im Blick zu haben, damit es mit der Karriere klappt.

Image ist Chefsache

Und wie bin ich im Business bislang aufgestellt? Das lässt sich durchaus prüfen, wenn man seinen Ego-Index kennt. Der gibt an, wie häufig man auf der Firmenwebsite genannt wird, wie häufig im Geschäftsbericht erwähnt wird, wie viele Fotos in der Pressemappe verzeichnet sind, wie groß diese sind und wie viele Personenmeldungen überhaupt zur eigenen Person im Netz kursieren. Und das Ganze muss dann natürlich noch in Relation zur Konkurrenz gesetzt werden. Die Zeitschrift Capital stellte eine entsprechende Studie hierzu vor, bei der alle im Deutschen Aktienindex vertretenen Konzerne und ihre Chefs gesichtet wurden (Infobox 1.10). Die Bandbreite narzisstischer Neigungen war dabei erstaunlich. So legt der eine Vorstand eher Wert auf die korrekte Nennung seines akademischen Titels, während ein anderer sich vornehmlich als Foto-fixiert erweist. Es gibt also mehrere Pfunde, mit denen man eindruckstechnisch wuchern kann. Und das kann vom guten Aussehen bis hin zum akademischen oder ökonomischen Erfolg reichen.

Unternehmenschef:	Unternehmen:
1. Werner Wenning	Bayer
2. Nikolaus Schweickhart	Altana
3. Dieter Zetzsche	Daimler-Chrysler
4. Wolfgang Reitzle	Linde
5. Michael Diekmann	Allianz
6. Jürgen Hambrecht	BASF
7. Wulf Bernotat	Eon
8. Harry Roels	RWE
9. Klaus-Peter Müller	Commerzbank
10. Nikolaus von Bomhard	Münchener Rück
	(Quelle: Capital, 26/2006)

Infobox 1.10:
„Narzissmus-Index"

Ja, Image ist nicht alles, aber ohne das richtige Image ist alles irgendwie nichts. Deshalb sollte man sich dann und wann um die eigene Positionierung kümmern. Nicht immer, aber doch immer öfter.

Sehr wichtig	27 %
Wichtig	44 %
Neutral	21 %
Weniger wichtig	5 %
Unwichtig	3 %
	(Quelle: LAB Managerpanel, 2009)

Infobox 1.11:
Wie wichtig ist
Ihnen Ihr persön-
liches Image im
Internet?

Der Trend zum „Personal Branding", also zur Markenpflege der eigenen Person, weitet sich auch im Geschäftsleben aus. Das Marketing in eigener Sache wird für Manager offenbar immer wichtiger. Die Studie in Infobox 1.11 zeigt, dass sich neun von zehn Führungskräften bereits damit beschäftigen, welche Informationen über sie im Internet vorliegen. Ein Drittel der Manager checkt seine Online-Reputation sogar regelmäßig.

Online-Reputation
im Trend

Prüfen auch Sie gelegentlich, welche Daten von Ihnen im Netz kursieren. Metasuchmaschinen (Metager.de usw.) oder Personensuchmaschinen (yasni.de, stalkerati.de usw.) helfen Ihnen dabei, einen schnellen Überblick zu bekommen.

Ego-googeln Impression Management beinhaltet die Kontrolle und Steuerung der eigene Präsenz in der Öffentlichkeit. Aber wie beim Bedienen einer Stereoanlage kann man auch hier die Regler versehentlich zu stark aufdrehen und das Verstärkersystem sprichwörtlich übersteuern. Studien zufolge soll es tatsächlich schon Ritual an einigen PCs geworden sein, als Erstes einmal den eigenen Namen zu googeln, sobald der Rechner morgens hochgefahren wird. Eine Gewohnheit, von der vornehmlich Männer betroffen sind.

Glanz und Gloria Solche Phänomene zeigen, dass die Grenze zwischen effektvoller Selbstdarstellung und auffallender Geltungssucht im Eifer des Gefechts leicht überschritten werden kann. Narzisstische Neigungen verspürt wohl jeder Mensch in sich. Sie können sogar ein Kick für die Karriere sein, wenn man sie dosiert einsetzt, um die Aufmerksamkeit des Chefs im richtigen Moment auf sich zu lenken. Es sollten halt nur nicht zu viele Momente werden, weil sie sonst nur noch inflationär, sprich aufgeblasen wirken.

Infobox 1.12: Was ist Narzissmus? Der häufig verwendete Begriff Narzissmus geht auf die Sage zurück, nach der ein Jüngling namens Narzissus sein Spiegelbild im Wasser eines Weihers sah – und sich darin verliebte. Zur Strafe für seine Eitelkeit verwandelten die Götter den jungen Mann in eine Blume, die fortan immer dicht am Wasser stehen darf – in eine Narzisse.

Produktive Prominenz In einer Gesellschaft, in der das „Me, Myself and I" im Vordergrund steht, scheinen sich narzisstische Tendenzen tatsächlich auszuweiten. Ist dies aber ein Grund zur Sorge? Vorerst wohl nicht, denn ein Symptom macht längst noch keine Störung. Im Gegenteil ist zu beobachten, dass Menschen mit einem ausgeprägten Selbstwertgefühl uns faszinieren und uns damit auch zu eigenen Erfolgen anspornen ein durchaus produktiver Effekt also.

2. First Impression –
Bestimmen Sie den ersten Eindruck!

„Kann der Blick nicht überzeugen,
überredet die Lippe nicht."
(Franz Grillparzer)

Kennen Sie das? Man sieht einen Menschen zum ersten Mal und ist völlig „hin und weg" von ihm. Das ist dann Faszination pur oder auch die berühmte Liebe auf den ersten Blick. Natürlich geht es auch umgekehrt: „Spinner" und Konsorten erkennt man spätestens auf den zweiten Blick.

Alles, was zählt

Wenn man nun weiß, was bei Erstkontakten zählt (Infobox 2.1), dann kann man schon bei ersten Begegnungen entsprechend punkten: zum Beispiel mit Augen, die kein Wässerchen trüben.

Alle:	Augen	72 %
Männer bei Frauen:	Figur	60 %
	Po	33 %
	Frisur	25 %
	Hände	19 %
Frauen bei Männern:	Hände	50 %
	Geruch	43 %
	Figur	33 %
	Zähne	29 %
	Haare	25 %
(Quelle: Singlestudie, ElitePartner.de, 2009)		

Infobox 2.1:
Worauf achten
Männer und Frau-
en beim Kennen-
lernen zuerst?

Einstiegshilfe

Investitionen in Kleidung, Frisur und Fitnessstudio machen vor diesem Hintergrund durchaus Sinn. Schließlich erhöhen sie die eigene Attraktivität. Sie fragen sich aber, ob dieser Aufwand für Äußerlichkeiten sich wirklich lohnt? Es ist wohl richtig, dass Beziehungen erst mit der Zeit entstehen. Dennoch ist gerade der erste Eindruck wichtig, um überhaupt in die Nähe einer Beziehung zu gelangen, sprich, um als potenzieller Partner – für was auch immer – wahrgenommen zu werden.

„Der erste Eindruck hat keine zweite Chance."
(Goethe)

Blink!
Zoom!

Unser Bauchgefühl weist häufig den richtigen Weg, noch bevor wir großartig über eine Entscheidung nachgedacht haben. Diese Fähigkeit zur Intuition ist uns Menschen angeboren und prägt unbewusst auch unser Verhalten. Der erste Eindruck, den man aus der Begegnung mit einer fremden Person gewinnt, basiert zumeist auf dieser Intuition. „Und es hat Zoom gemacht," singt Klaus Lage in „1000 und eine Nacht". Genau dieses Zoom-Gefühl nennt Malcolm Gladwell, ein amerikanischer Bestsellerautor, heute den „Blink-Moment". Diese spontanen Bauchgefühle und Intuitionen sind jedoch nie zu hundert Prozent verlässlich, das heißt, sie lassen sich auch täuschen.

Schubladen und
Halo-Effekt

Psychologisch betrachtet unterliegt die menschliche Wahrnehmung dem so genannten Halo-Effekt. Er bewirkt, dass wir spontan und automatisch von einem Einzelmerkmal auf das Gesamtbild eines Menschen schließen. Wir verallgemeinern also unseren ersten Eindruck und lassen uns in der Folge von diesem verallgemeinerten Bild auch bei unseren Entscheidungen leiten. Innerlich machen wir gedankliche Schubladen auf, in die wir unsere Wahrnehmungen einordnen. Dadurch werden Beurteilungen vereinfacht und beschleunigt. Schubladendenken kann aber auch problematisch werden, wenn zu simpel sortiert wird. Heraus kommen dann holzschnittartige Stereotype, die mitunter zu Karikaturen verzerrt sein können.

Richtige
Etikettierung?

Achten Sie darauf, dass man Ihnen das richtige Label anheftet, Sie also in die richtige Schublade gesteckt werden. Ein falsches Persönlichkeitsetikett wieder loszuwerden ist ein mühsames Unterfangen, wie jeder weiß, dem in der Kindheit von anderen ein gemeiner Spitzname verpasst wurde.

Allerdings kann man umgekehrt natürlich versuchen, beim Gegenüber gerade solche Schubladen zu öffnen, die durchweg positiv besetzt sind. Das wäre dann gut für das eigene Image. Wer als idealer Schwiegersohn daherkommt, darf sich allerdings nicht wundern, wenn es statt der Tochter dann die Mutter auf einen abgesehen hat. Schlagersänger fahren aber recht gut damit, wie man in der Yellow-Press so liest.

Schwiegermutter-typ

In einer psychologischen Studie legte man 117 Teilnehmern 66 Porträtbilder zur Beurteilung vor. Die Probanden hatten 0,1 Sekunden, 0,5 Sekunden oder eine ganze Sekunde Zeit dafür. Bereits nach 0,1 Sekunden stand das Urteil fest. Auch ein längerer Betrachtungszeitraum änderte nichts mehr. Eindrücke von Personen entstehen also spontan, intuitiv und auf der Basis minimaler Information, so das Ergebnis der Studie. Abgefragt wurden übrigens folgende Eindrucksmerkmale:
• Attraktivität
• Sympathie
• Vertrauenswürdigkeit
• Kompetenz
• Aggressivität

(Quelle: Willis/Todorov, 2006)

*Infobox 2.2:
Urteilsfindung per
Wimpernschlag*

„Probier's mal mit Gemütlichkeit", gibt Balu, der Bär, Mogli mit auf den Weg. Keine schlechte Idee. Versuchen Sie doch einmal ein gemütliches Lächeln. Und schwupps, schon geht die Schublade der Sympathie beim Angelächelten für Sie auf. Oder verschenken Sie zukünftig mehr Komplimente. Sie werden sich wundern, welche Wirkung dies auf Ihre Umwelt hat, nur weil Sie die psychologisch richtigen Sympathie-Schubladen geöffnet haben. Ist das Manipulation? Natürlich, aber keine schlechte.

Einmal und immer wieder

Einmal nett, immer nett? Die Neigung zur intuitiven Verallgemeinerung (Infobox 2.3) basiert auf Erfahrungen, die wir zuvor gemacht haben – seien es stammesgeschichtliche oder individuelle Erfahrungen. So entstehen Vorurteile, die durchaus von Nutzen sein können, weil sie zu schnellen Entscheidungen führen. Wer ein schnelles Urteil bei anderen forciert, der hat meist einen Vorteil, weil Menschen ihren einmal getroffenen Entscheidungen treu bleiben möchten. Anders formuliert: Man gesteht sich eine Fehleinschätzung ungern ein. Lieber bleibt man dabei, um mit sich selbst im Reinen zu sein: „So schlimm ist mein Mann gar nicht. Er schlägt mich ja nur ganz selten ..." So werden kognitive Dissonanzen einfach reduziert.

Infobox 2.3: Typische Verallgemeinerungen

• Wer groß ist, ist eine gute Führungskraft.
• Wer dick ist, ist humorvoll und lustig.
• Wer blond ist, ist naiv.
• Wer tätowiert ist, ist unseriös.
• Wer eine Brille trägt, ist intelligent.
• Wer schön ist, ist erfolgreich.

Schnell oder vorschnell?

Unsere Psyche macht sich also gerne selbst etwas vor. Und genau hier liegt auch die große Gefahr und Einflussmöglichkeit. Schnelle Urteile sind meist undifferenziert und ungeprüft. Wenn wir zum Arzt gehen und der Mann im weißen Kittel seine Diagnose stellt, dann vertrauen wir ihm meist bedingungslos. Denn ein Arzt hat schließlich studiert und ist dazu da, uns zu helfen, so die Grundannahme. Dabei wird leicht übersehen, dass es auch bei den Medizinern gute und schlechte Studenten gibt, die sich anschließend in weiße Kittel kleiden dürfen. Und verdrängt wird auch, dass selbst Ärzte Geld verdienen müssen, kranke wie gesunde Patienten also immer auch ein Mittel zum Zweck sind.

Augenblick

Andererseits weist unser spontanes Empfinden häufig auch den richtigen Weg. Etwa dann, wenn es gilt, Politiker zu beurteilen. Da ist der Blick in die Augen mitunter ergiebiger als der Blick ins Parteiprogramm (Infobox 2.4).

 Machen Sie sich die Neigung zur Verallgemeinerung einfach zunutze. Bedienen Sie notfalls das gesellschaftliche Klischee, das die Welt von Ihnen erwartet – natürlich nur, wenn es moralisch vertretbar ist und es Sie auf dem Weg zum Erfolg weiterbringt.

> Die Gesichter von Politikern entscheiden über den Wahlausgang mit, so das Ergebnis einer Studie (Todorov, 2005) in den USA. In zwei von drei Fällen konnten die Gewinner der Kongresswahl per Gesichtercheck richtig vorausgesagt werden. Offenbar reicht ein Blick ins Gesicht des Politikers aus, um in Sekundenschnelle seine Kompetenz einzuschätzen. Das Aussehen bestimmt mithin auch den Eindruck der Kompetenz, was mit dem Ideal der so genannten „Bestenauslese", etwa bei Bewerbungsgesprächen, nur schwer in Einklang zu bringen ist.

Infobox 2.4: Gesichter als Kompetenzbeweis?

 Merke: Der erste Eindruck ist tatsächlich entscheidend, nicht nur bei Wahlplakaten. In eine Bewerbungsmappe gehört deshalb immer auch ein perfektes Porträtfoto aus dem Profistudio – zumindest in Deutschland, wo das Image noch etwas zählt.

Wie aber gibt man das perfekte Bewerberbild ab? Nun, möglichst ohne Fingerabdrücke und Eselsohren. Nein, Spaß beiseite, ein paar Merkmale kann man natürlich nennen (Infobox 2.5). Generell gilt es wohl, alle Vorzüge herauszustellen, die auf Kompetenz, Seriosität und Vitalität hindeuten.

> • Blickkontakt mit Kamera
> • Lächelnder bis ernster Gesichtsausdruck
> • Neutraler Bildhintergrund
> • Weiches Licht, keine Schlagschatten
> • Ordentliche Frisur, Rasur, Make-up, Kleidung usw.

Infobox 2.5: Famose Fotos

Betrachten Sie einmal systematisch Autorenfotos, wie man sie auf vielen Buchumschlägen findet. Die zum Roman oder Sachbuch passende Bildkomposition und Inszenierung, als Intellektueller mit Zigarette oder als Fachmann mit Schlips, ist schon eine Kunst für sich – von der man jedoch gut lernen kann.

Kleine Makel machen interessant Aber auch kleine Makel können attraktiv sein, wenn die betreffende Person sich dieses Merkmal leisten kann. Wer selbstbewusst zu seinen körperlichen Eigenarten steht, wirkt meist individueller und interessanter als eine Katalogschönheit. Dita von Teese ist so ein Beispiel. Obwohl eigentlich blond und von Haus aus zu klein für eine Modelkarriere, ist die seit Jahren aktive „Burlesque-Tänzerin" und steter Gast in allen Celebrity-Magazinen. Sie kann sich eben recht gut in übergroßen Cocktailgläsern räkeln. Aber ihr Markenzeichen ist wohl der aufgemalte Leberfleck auf ihrer hellen Gesichtshaut.

Oder nehmen Sie den Schauspieler Moritz Bleibtreu. Eine Männerschönheit nach antikem Vorbild ist er beileibe nicht, dafür aber ein genialer Charakterdarsteller. Beides zusammen geht meist nicht – es sei denn, man heißt Richard Gere.

Hochstapler Diese simplen Wahrnehmungs- und Beurteilungsmechanismen von Äußerlichkeiten machen es zum Beispiel auch Hochstaplern entsprechend leicht, sich das Vertrauen von Menschen zu erschleichen. Der wohl bekannteste Vertreter seiner Art ist hier der falsche Arzt „Dr. Dr. Bartholdy".

„Bewundert vielleicht jemand die Braven?
Nein: Man bewundert lieber die,
die es nicht nötig haben, brav zu sein.
Man bewundert die Gauner."
(Das Streiflicht, Süddeutsche Zeitung,
nach: Spiegel 15/1994)

Gert Postel ist Autor des Buches „Doktorspiele", in dem er seinen Werdegang als falscher Arzt eindrucksvoll beschreibt. Obwohl er von Hause aus gelernter Postbote ist, eignete er sich im Selbststudium das notwendige Halbwissen an, um als Mediziner und gelegentlich auch als Jurist brillieren zu können. Auch er selbst verkörpert allein durch Größe, Kleidung, Habitus und Sprache schon Merkmale, die auf einen hochgebildeten Akademiker schließen lassen. In Verbindung mit einem falschen Doktortitel erscheint der Eindruck geradezu perfekt, wie seine imposante „Karriere" als falscher Psychiater belegt.

Halbwissen hilft

Der erste Eindruck kann also tatsächlich gezielt dazu genutzt werden, ein gewünschtes Vorausurteil zu generieren. Wichtig ist dabei, sich auf bestimmte Schlüsselmerkmale zu konzentrieren, die geeignet sind, ein inneres Gesamtbild beim Zielpublikum zu erzeugen. Es muss eben nur die richtige Schublade geöffnet werden. Wer mit gesunder Gesichtsfarbe daherkommt, gilt schnell als „Naturbursche", wer braungebrannt erscheint, womöglich als „unseriöser Gockel". Auch die Uhr am Handgelenk kann Sie einerseits als Kenner mit Stil auszeichnen, andererseits aber auch zum protzigen Angeber machen, je nachdem, wie Sie die Akzente setzen. Wie schmal der Grat des guten Geschmacks sein kann, lässt sich am Beispiel Silvio Berlusconi recht gut beobachten.

Vorschuss-lorbeeren

Erinnern sollte man sich hier auch an die Einsicht des Kommunikationsforschers Paul Watzlawick, der ja feststellte, dass man „nicht nicht kommunizieren kann". Das stimmt tatsächlich, denn egal, was man tut – oder auch unterlässt –, es hat eine Wirkung auf unser Gegenüber. Daher macht es immer wieder Sinn, sich diese Wirkung einmal ins Bewusstsein zu rufen. Denn nur so können wir verhindern, in ein Fettnäpfchen zu treten, das unser Image ruiniert.

Botschaft ist überall

Vergessen Sie zum Beispiel nie, andere Menschen stets freundlich zu grüßen. Und zwar lieber einmal zu viel als einmal zu wenig. Winken, lächeln, ansprechen – was auch immer. Eine Unterlassung kann hier schnell Ihren Ruf ruinieren. Es sei denn, Sie legen es tatsächlich darauf an, als arrogant und überheblich zu gelten.

Infobox 2.6:
Wenige Striche
genügen (hier:
Charlie Chaplin)

Tendenz zur
Ganzheit

Aus der Psychologie ist das Phänomen der ganzheitlichen Wahrnehmung bekannt. Oder anders formuliert: Menschen sehen meist das große Ganze. Bruchstücke eines Bildes (Infobox 2.6) reichen also aus, um das ganze Bild vor dem inneren Auge aufziehen zu lassen. Dabei gilt: Was nicht passt, wird passend gemacht. Fehlendes wird einfach nach eigener Vorstellung ergänzt. Hierauf kann das Impression Management aufbauen, denn man braucht nur Mosaiksteine des Images zu liefern, das Zusammenfügen erfolgt von selbst.

Was ist
Wahrheit?

Dass daraus – wenn man nicht aufpasst – auch hanebüchene Geschichten entstehen können, liegt auf der Hand. Etwa vor Gericht, wo der Zeuge einen Mann mit dem blutigen Messer in der Hand gesehen haben will. Na klar, das muss ein Mörder sein, denken die Geschworenen. Später stellt sich heraus, dass es nur ein unbeteiligter Dritter war, der zufällig die Leiche fand. Wir kennen diese Storys aus jedem besseren Krimi – und lernen mal wieder: Nichts ist, wie es zunächst scheint.

Wohl jeder hat schon einmal die Fernsehwerbung gesehen, in der ein älterer Herr mit weißem Haar und wichtiger Brille für eine biegsame Zahnbürste wirbt. Dieser „Dr. Best" nutzt den Eindrucks-Effekt, indem er seine Altersautorität einsetzt, sich wissenschaftlich gibt und Seriosität verkörpert. Das so erzeugte Vertrauen wird von Konsumenten selten hinterfragt.

Infobox 2.7:
„Fragen Sie Ihren Arzt ..."

„Grün, grün, grün,
sind alle meine Kleider ..."
(Kinderlied)

Schlüsselmerkmale, die einen Gesamteindruck erzeugen, können auf traditionellen Erfahrungen beruhen, die Menschen in ihrem Leben gemacht haben. Schließlich hat man ja früher mal gelernt, dass die Feuerwehr rot und die Polizei freundlich ist. Aber bedenken Sie: Früher hatten wir auch einen Kaiser. Die Zeiten ändern sich, und mit ihr die Gültigkeit unserer liebgewonnenen Erfahrungswerte.

Eine einmal erworbene Einstellung (Infobox 2.8) ist schwer zu revidieren. Man will sich schließlich selbst gern treu bleiben. Nur wer als Autofahrer häufiger von Polizisten an Radarfallen gestoppt wird, der ist durchaus geneigt, seine kindlichen Vorstellungen vom Freund und Helfer fallen zu lassen. Da helfen dann auch „Toto & Harry", die lustigen Cops aus SAT1, nicht mehr aus der polizeilichen Imagekrise.

Naive
Vorstellungen

- Polizei: Dein Freund und Helfer
- Feuerwehr: Retter in der Not
- Politiker: Verantwortlicher Volksvertreter
- Eltern: Lebenslange Liebe
- Mercedes-Benz: Qualität aus Deutschland
- Schwarzer Anzug: Hochzeit oder Trauerfall

Infobox 2.8:
Typische Denk-
muster

Was macht | Eindrücke sind das eine, aber Bedeutsamkeit ist das
wichtig? | andere. Nur, was macht Menschen wirklich wichtig? Antworten auf diese Frage findet man in der Allensbach-Studie in Infobox 2.9. Dort wurde gefragt, welche Menschen wichtig sind. Für die Beurteilung scheint es nicht selten das Ansehen zu sein, das aus der Vergangenheit rührt. Frühere Erfolge werden offenbar zunehmend verklärt und idealisiert, wie die Beispiele Fritz Walter oder auch Heinz Rühmann zeigen.

Mitunter hilft es daher, sich im Lichte verstorbener Respektspersonen zu sonnen. Etwa durch Name-Dropping, durch berühmte Zitate oder intelligente Lebensweisheiten, die man einfach übernimmt. „Der Ball ist rund" und „Das Spiel dauert 90 Minuten", sagte schon Fritz Walter. Ach nein, das war ja Sepp Herberger. Aber egal, der hat schließlich auch noch genug Ansehen in Fußballerkreisen.

Ruhm – | Das besondere Ansehen von Verstorbenen nennt man übrigens
post mortem | gens Nachruf-Charisma. Auch Prinzessin Diana war zu Lebzeiten höchst umstritten und hatte einen zweifelhaften Ruf. Heute dagegen gilt sie als Ikone und wird verherrlicht wie eine Göttin. Selbst Skandale verblassen nach dem Tod, so wie die von Michael Jackson und vielen anderen.

Medien- | Eines illustrieren die Beispiele aber auch: Bedeutsam wird,
prominenz | wer Prominenz besitzt. Und die bekommt man erst durch die Medien. Aus diesem Grund wohl drängen so viele Menschen ins Rampenlicht, auf den roten Teppich oder in Fernseh-Talkshows am Nachmittag.

„Fame – I'm gonna live forever,
I'm gonna learn how to fly."

It-Girl werden | In Fame, dem Kinofilm, beziehungsweise in der gleichnamigen TV-Serie, bemühten sich die handelnden Personen immerhin, etwas zu lernen: Tanzen zum Beispiel. Wer aber nichts kann, nichts tut und trotzdem berühmt werden will, der sollte „It-Girl" werden. Das sind Frauen wie Paris Hilton, die vom Fernsehsender VH1 2005 zum It-Girl des Jahres gekürt wurde. Von nichts kommt nichts? Diese Weisheit darf im Medienzeitalter getrost vergessen werden. Mitunter ebnet erst ein kleidungstechnischer Hauch von Nichts den Weg für die ersehnte Promi-Karriere.

Das Nachtcafé, die traditionsreiche Talkshow des SWR, hatte einmal Davorka Tovilo zu Gast, ein Starlet, das angeblich zu den meistfotografierten Frauen Deutschlands gehört. Der Moderator fragte damals, aus welchem Holz Leute geschnitzt seien, die nach den Sternen greifen. Davorkas Stern ging offenbar auf, als sie auf dem roten Teppich einer Filmpremiere in einem durchsichtigen Kleid abgelichtet wurde. Ihr Ziel sei es, eine ebenso glamouröse Schauspielerin zu werden wie Pamela Anderson und Madonna: „Sie sind ehrgeizig, erfolgreich und kriegen alles, was sie wollen!"

Einfach nach den Sternen greifen?

Merke also: Man muss für den Erfolg nicht viel wissen, sondern nur viel wollen. Manchmal scheint das wirklich auszureichen.

Unlängst berichteten die Medien auch über das Internet-It-Girl Julia Allison, das durch den regen Einsatz von Twitter, MySpace & Co. zum Shooting-Star im Netz wurde. In Anlehnung an die Fernsehserie „Sex and the City" bezeichnet sie sich selbst als „Carrie Bradshaw 2.0". Den Grund nennt die Zeitschrift Focus (27.01.2009): „Beide schreiben Kolumnen über Sex, treffen sich mit Freundinnen, gehen mit reichen Männern aus und besuchen eine hippe Party nach der anderen. Nur, dass Allison eine echte Person ist – und ihr Leben multimedial dokumentiert."

Carrie Bradshaw 2.0

Das erinnert ein wenig an das „Dschungelcamp", wo auch viel dokumentiert wird, das man eigentlich gar nicht sehen

Image-Politur

und hören will. Gleichwohl bieten solche TV-Formate immer wieder Gelegenheit, zu Ruhm zu gelangen oder verblichenes Ansehen zumindest wieder aufzupolieren. Dafür lohnt dann auch der Gang in den Dschungel oder ersatzweise in den Big-Brother-Container.

Rummelplatz des Ruhms

Auch die täglichen Talkshows im Fernsehen sind ein gern genutztes Forum für das persönliche Ego. Je skurriler die Botschaft, die man zu verbreiten gedenkt, desto größer die Chance, eingeladen zu werden. Um sich ihren Platz in den Medien zu sichern, inszenierte eine Familie in den USA sogar den Irrflug ihres sechsjährigen Sohnes in einem mit Helium gefüllten Ballon, der angeblich außer Kontrolle geraten sei. Millionen Zuschauer verfolgten die stundenlange Rettungsaktion als „Breaking News" im Oktober 2009 an ihren Fernsehbildschirmen. Gegenüber dem Fernsehsender CNN verplapperte sich der Vater später mit der Bemerkung: „Wir haben das nur für eine Show gemacht."

Rampenlicht, ja oder nein? Man sollte stets Aufwand und Nutzen kritisch prüfen, den der Gang an die Öffentlichkeit verursacht. Wenn man letztlich zu viel von sich und seinem Leben preisgeben muss, sollte man wohl eher verzichten – oder auch nicht.

Infobox 2.9: Bedeutende Persönlichkeiten aus Kunst, Kultur und Sport

Persönlichkeit	Gesamtbevölkerung	19-25-Jährige
Günter Grass	55 %	33 %
Fritz Walter	51 %	41 %
Thomas Gottschalk	51 %	61 %
Uwe Seeler	46 %	59 %
Boris Becker	44 %	52 %
Steffi Graf	38 %	39 %
Michael Schumacher	35 %	26 %
Franz Beckenbauer	33 %	44 %
Loriot	32 %	22 %
Heinz Rühmann	32 %	27 %
	(Quelle: IfD Allensbach, 2009)	

Thomas Gottschalk nimmt einen Spitzenplatz in Sachen Berühmtheit ein (Infobox 2.9), und zwar in allen Altersgruppen. Firmen wie Haribo greifen daher ebenso auf seinen Imagewert zurück wie die Post. Als Werbe-Testimonial ist der ehemalige „Nachwuchsmoderator" einfach unschlagbar. Seine jugendlich-flapsige Ausstrahlung ist es wohl auch, die ihm seine Inszenierung als Kultfigur erleichtert. Kleidung und Frisur entsprechen kaum dem Mainstream, erinnern dafür umso mehr an einen sympathischen Paradiesvogel – und genau der will er auch sein.

„Unser Tommy"

> *„Ich war immer schon ein bisschen flippiger."*
> (Ariane Sommer, Medienpersönlichkeit)

Steffi Graf wiederum, von der manche auch meinen, sie sei die beliebteste Deutsche überhaupt, macht es genau anders herum. Sie hat erkannt, wann es Zeit ist abzutreten. Gerade ihr Rückzug aus der Öffentlichkeit und der Verzicht auf Skandale sind wohl das eigentliche Geheimnis ihrer Beliebtheit. Sie lässt die Menschen träumen – von einer besseren Welt mit Kindern und Familie. Und mit dem richtigen Partner an ihrer Seite, dem Tennis-Andre.

„Unsere Steffi"

Berühmt werden kann man also auf höchst unterschiedliche Art und Weise. Wichtig ist es, seine persönlichen Stärken und Besonderheiten zu erkennen und diese möglichst zielführend in Szene zu setzen.

3. Image Design –
Senden Sie klare Signale!

> *„Imagepflege ist keine Lackpflege,*
> *kein Aufpolieren von Oberflächenglanz,*
> *sondern eine Frage der Qualität*
> *der ganzen Konstruktion."*
> (Werner Niefer, Top-Manager)

Kaum ein Berufsstand hat derzeit ein schlechteres Image als der von Politikern und Managern (Infobox 3.1). Krisen und Skandale haben den Ruf dieser Berufsgruppen nachhaltig ruiniert. Wirtschaftsbosse gelten heute als „Nieten in Nadelstreifen", die sich gegenseitig im „Kartell der Kassierer" bereichern. Solche Vorwürfe sind keinesfalls rhetorische „Peanuts", sondern sie geben Anlass zum Handeln: Zeit also für eine deutliche Image-Korrektur.

• Mediziner	85%	
• Lehrer	82%	
• Polizei	82%	
• Militär	72%	
• Kirchenvertreter	72 %	
• Juristen	60%	
• Journalisten	31%	
• Manager	15 %	
• Politiker	10 %	
	(Quelle: GfK, 2008)	

Infobox 3.1:
Wem vertrauen
die Deutschen?

Ärzte verteidigen dagegen seit Jahren unangefochten einen Spitzenplatz im Vertrauensindex, was das Image in der Bevölkerung angeht. Der „Gott in Weiß" wankt nur selten und seine Aura als Helfer und Heiler strahlt nach wie vor hell (Infobox 3.5). Übrigens verhält es sich weltweit nahezu gleich. In einer entsprechenden GfK-Studie (Infobox 3.2), die in Europa und Amerika durchgeführt wurde, zeigt sich ein ähnliches Vertrauensranking.

Infobox 3.2:		
Weltweit höchstes	• Feuerwehrleute	92 %
Vertrauen	• Lehrer	85%
	• Postangestellte	81 %
	• Ärzte	81 %
	• Militär	81 %
		(Quelle: GfK, 2009)

Sichtbare Signale

Es scheint, als hätten diejenigen Vorteile, die sich zum Wohle der Öffentlichkeit einsetzen. Und zwar handfest und vor Ort, wie etwa der Feuerwehrmann am Brandherd oder der Lehrer im Klassenkampf. Politiker schwören zwar auch öffentlich, den Wohlstand des Landes zu mehren, ziehen sich dann aber doch lieber in ihren getäfelten Sitzungssaal oder den klimatisierten Dienstwagen zurück, so die öffentliche Meinung.

Macher-Mentalität

Nur wenn der Damm bricht und die Sturmflut naht, zeigt selbst der Politiker Einsatz. Dann gerne auch hemdsärmelig und in Gummistiefeln – für ein schnelles Pressefoto. Na klar, das sind natürlich Vorurteile. Aber wie erklärte schon Sigmund Freud die Motivation menschlichen Handelns? „Nichts ist ohne Grund." Und der dürfte sein, dass man sich als Mann oder Frau der Tat beim Wahlvolk eben besser verkauft.

Merke: Sichtbare Taten und markige Worte, das ist die gesunde Kombination aus erwünschter Handlungsorientierung und intellektueller Weitsicht – nicht nur für Politiker. Aber so steht es ja lange schon auch in der Bibel, nachzulesen bei Matthäus 7,20.

Infobox 3.3:		
Geringstes	• Marketingangestellte	39 %
Vertrauen	• Banker	37%
	• Top-Manager	33%
	• Werber	28%
	• Politiker	18 %
		(Quelle: GfK, 2009)

Was lehrt uns die Berufsanalyse in Infobox 3.3? Das Image des unzuverlässigen Hallodris, sprich des Werbers oder der Marketingfachfrau sollte tunlichst gemieden werden – sofern man das Vertrauen der Öffentlichkeit sucht. Werbung lügt eben, so das allgemeine Urteil. Mogelpackungen sind nicht nur im Supermarkt höchst unbeliebt.

> *„Wir leben eben ein wenig*
> *in einer verlogenen Gesellschaft."*
> (Oswald Metzger, Politiker,
> Zeit Magazin, v. 23.06.09, S. 46)

Die Grundregeln des Impression Management scheinen weltweit Gültigkeit zu besitzen. Das zeigt auch der Fall von Frank Abignale, der im Film „Catch me if you can" humorvoll verewigt wurde. Die Geschichte des 21-jährigen Millionenbetrügers, der sich mit Charme und Charisma als falscher Arzt, Anwalt oder Flugkapitän durchs amerikanische Leben mogelte, wurde 2002 von Steven Spielberg mit Leonardo DiCaprio und Tom Hanks in den Hauptrollen verfilmt. Besonders die Wirkung von Berufskleidung scheint für den Aufbau des richtigen Eindrucks von immer wieder entscheidender Bedeutung gewesen zu sein.

Catch me if you can

Ein guter Auftritt braucht also nicht nur die große Bühne, sondern auch eine schöne Uniform. Wetten, dass Thomas Gottschalk sie gerne vor der Kamera trägt, weil sie Eindruck macht? Und auch Michael Jackson, Muammar al-Gaddafi oder Frederic Prinz von Anhalt lassen oder ließen sich gerne in Fantasieuniformen ablichten. Denn eine Uniform erleichtert es, Menschen einzuordnen und sozial zu bewerten. Der blaue Blazer mit den Goldknöpfen und den Segelschuhen führte schon Marilyn Monroe bei der Suche nach einem Millionär auf die eigentlich richtige Filmfährte. Sie konnte ja nicht wissen, dass Tony Curtis nur ein Hochstapler war. Manche mögen's heiß und Kleider machen eben Leute.

Uniform kommt an

➲ Welche Uniform passt zu Ihnen? Es muss ja nicht immer der blaue Blazer sein. Italienische Herrenausstatter und ihre Schneider setzen gerne auch auf braune Töne, bis hin zu den Schuhen. Ob's in den situativen Kontext passt, sollten Sie selbst entscheiden. Wichtig ist letztlich, dass Sie sich wohlfühlen in Ihrem Outfit – und dass die gewünschte Image-Wirkung eintritt.

Infobox 3.4: Image – was ist das?

Unter einem Image versteht man ein inneres Bild, das sich in der Vorstellung eines Menschen bildet. Ein solches Vorstellungsbild spiegelt die Einstellung wider, die man gegenüber einer Person oder einem Produkt hat. Die Einstellung gegenüber „Milch" als Nahrungsmittel ist zum Beispiel generell positiv, deshalb haben Produkte, die das Wörtchen „Milch" im Namen tragen, einen strategischen Vorteil. Allerdings kommt es immer auch auf die Situation an. Das Image eines „Milchbubis" wäre für eine erwachsene Person wohl kaum schmeichelhaft.

Image Design

Immer wieder ist im Fernsehen zu sehen, wie unbekannte Menschen zu Stars aufgebaut werden. Aus unbedarften Teenagern werden dann plötzlich Poptitanen, mit einem wilden, jugendlichen, süßen, aufreizenden oder wie auch immer gearteten Image. Boy-Bands und Girl-Groups sind bekanntlich gerne nach solchen publikumstauglichen Kriterien „zusammengecastet" und anschließend ausgeformt. Hier trifft der Begriff Image Design tatsächlich den Kern der Sache, weil Identitäten neu kreiert werden.

Reizverstärkung

Wie funktioniert dieses Image Design? In der Regel werden vorhandene Merkmale, die erwünscht sind, besonders betont. Weniger erwünschte werden dagegen kaschiert. Auf diese Weise entstehen Reizverstärkungen, die den Blick auf positive Schlüsselmerkmale lenken – und von negativen Merkmalen ablenken. In der Verhaltensforschung spricht man nicht ohne Grund auch von „Attrappen", die hier gebaut werden, oder von Fassaden, die für die Umwelt errichtet werden. Diese sollte tunlichst nicht bröckeln, weshalb ein stabiles Persönlichkeitsfundament nie von Nachteil ist.

1.	Arzt	78%
2.	Pfarrer	39%
3.	Hochschulprofessor	34 %
4.	Grundschullehrer	33 %
5.	Unternehmer	31 %
6.	Rechtsanwalt	27%
7.	Ingenieur	27%
8.	Botschafter, Diplomat	25 %
9.	Atomphysiker	25 %
10.	Apotheker	24%
11.	Direktor in großer Firma	17 %
12.	Studienrat	14 %
13.	Journalist	11 %
14.	Offizier	8 %
15.	Gewerkschaftsführer	8 %
16.	Politiker	6 %
17.	Buchhändler	5 %
		(Quelle: IfD Allensbach, 2008)

Infobox 3.5: Berufe mit dem höchsten Prestige

Imagebildung ist ein langfristiger Prozess, der einen langen Atem erfordert. Ärzte, Pfarrer und Professoren können traditionell auf ein hohes Ansehen verweisen (Infobox 3.5), von dem sich lange zehren lässt. Wer auf gesellschaftliches Prestige Wert legt, der sollte dies bereits früh bei seiner Berufswahl berücksichtigen.

Traditionelles Prestige

Unlängst wurde an eintausend Manager einmal folgende Frage gestellt: „Was macht für Sie eine gute Führungskraft aus?" Die zugehörigen Antworten (Infobox 3.6) geben Ernüchterndes preis: Nicht Wissen, sondern Wahrnehmung zählt.

Karriere durch Charisma

43

Infobox 3.6:
Führungs-
fähigkeiten?

- 45 % Charisma/Ausstrahlung
- 33 % Fachwissen
- 22 % Charakter

Conditio sine
qua non

Die Einschätzung zeigt, dass man nicht unbedingt top in seinem Fach sein muss, und auch nicht charakterlich brillant – man wohl aber über Charisma verfügen sollte. Bildung und Charakterstärke sind offenbar eher als notwendige Basis zu sehen, um überhaupt ernst genommen zu werden. Um Anerkennung zu finden, bedarf es darüber hinaus eben des „gewissen Extras", der persönlichen Ausstrahlung eben.

Klassische
Stilberatung

Die Optimierung der eigenen Aura ist ein Vorgang, den im Prinzip jeder Stilberater mit seinen Klienten vollzieht. Wer sich schon jetzt gesellschaftsbewusst kleidet, schminkt und frisiert, wird unbewusst eine Merkmalsverstärkung vornehmen. Auch populäre Ratgeberbücher wie „Der Gentleman" oder „Die Lady" geben dezidierte Anleitungen, wie man sich zu kleiden hat, wenn man dem im Buchtitel genannten Image entsprechen will. Image Design ist also nichts anderes als eine „systematische Veränderung" der eigenen Person, meint auch die Image-Expertin Maria Neumaier.

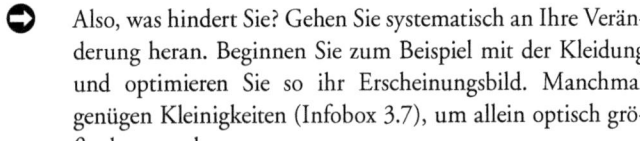

Also, was hindert Sie? Gehen Sie systematisch an Ihre Veränderung heran. Beginnen Sie zum Beispiel mit der Kleidung und optimieren Sie so ihr Erscheinungsbild. Manchmal genügen Kleinigkeiten (Infobox 3.7), um allein optisch größer herauszukommen.

Infobox 3.7:
Kleider machen
Leute

- Längsstreifen: machen schlanker
- Absätze: machen größer
- Tiefe Gesäßtaschen: verkleinern
- Schulterpolster: verbreitern

Besonders interessant sind aber die Beispiele, in denen das Image eines Menschen drastisch verändert wurde, wo quasi eine völlig neue Persönlichkeit entstand. Ein umstrittener Fall ist etwa Michael Jackson, der sich vom kleinen Michael bei den Jackson Five zum „King of Pop" gewandelt hat, mit all den negativen Begleiterscheinungen, die aus den Medien bekannt sind. Zum anderen gibt es aber auch neuere Beispiele wie die Sängerin Susan Boyle oder auch Paul Potts, die in der englischen Talentshow „The X-Factor" entdeckt wurden. In beiden Fällen wurde aus zuvor unscheinbaren Menschen auf der Bühne plötzlich ein Star, der anschließend noch auf Hochglanz poliert wurde. Susan Boyle färbte ihre grauen Haare um und schminkte und kleidete sich vorteilhafter. Paul Potts änderte ebenfalls sein Outfit und ließ sich insbesondere die Zähne richten. Und auch Leona Lewis, ebenfalls eine Fernsehentdeckung, verzichtete bei ihrer Sangeskarriere mit Hilfe von Kontaktlinsen fortan auf ihre Brille. Dass man auch mit Augengläsern attraktiv wirken kann, das beweist freilich die Sängerin Anastacia. Beim Image Design gibt es also selten ein klares richtig oder falsch, sondern eher eine klare Orientierung an der einzelnen Persönlichkeit.

Imagewandel

Auch Top-Marken (Infobox 3.8) haben eine eigene Persönlichkeit, die es zu pflegen gilt. Daher wird von den verantwortlichen Brand Managern streng darauf geachtet, dass der Wiedererkennungswert, die Einzigartigkeit, das Lebensgefühl, die Bekanntheit, die Sympathie oder die Kompetenz einer Marke nicht verwässert oder sonst wie beeinträchtigt werden. Ein harter Job, der letztlich aber auch für die erfolgreiche „Marke Mensch" – also auch für Sie – immer wieder erledigt werden muss.

Markenpflege

Infobox 3.8:	Unternehmen:	Produkte:
Top 10 der	Google	Miele
besten Marken	Lufthansa	Canon
	Miele	Elmex
	Adidas	Tchibo
	Volkswagen	Microsoft
	BMW	Lego
	Bosch	Nivea
	Audi	Coca-Cola
	Microsoft	Rotkäppchen
	eBay	Adidas
		(Quelle: bestbrands.de, 2009)

Augentier Mensch

Wie aber kann man sein Image nun im Alltag gezielt beeinflussen? Eine Antwort liegt wohl in der Einsicht begründet, dass der Mensch ein Augentier ist. Wir beurteilen unser Gegenüber vornehmlich visuell, das heißt, das Betrachten entscheidet tatsächlich auch über das Ansehen. Insofern ist die Weisheit nicht ganz unbegründet, die da lautet: „Wie du kommst gegangen, so wirst du auch empfangen." Menschen machen sich recht schnell ein Bild über andere Menschen – und dies lässt sich durchaus nutzen.

Infobox 3.9:
My Fair Lady

Neu ist diese Erfahrung natürlich nicht. Schon Henry Higgins glaubte, ein einfaches Blumenmädchen in eine echte Dame verwandeln zu können, einfach durch das passende Outfit und durch die richtige Wortwahl. George Bernard Shaw hat diese soziale Metamorphose in seiner Komödie „Pygmalion" kritisch thematisiert. Auch heute noch zeigt sich, dass es sehr schwer ist, soziale Schranken zu überwinden. Wer sich aber stur an die Toyota-Regel hält, der weiß: Nichts ist unmöglich.

Dresscode

Ein gesellschaftlicher Auftritt soll normalerweise Niveau vermitteln, es sei denn, man ist Gangster-Rapper. Üblicherweise behängt man sich daher auch nicht mit Goldketten und zeigt im Unterhemd seine tätowierten Oberarme.

Nur für Türsteher gelten andere Regeln. Stattdessen sollte man im Alltag eher gepflegte Eleganz vermitteln, sofern man einen entsprechend niveauvollen Eindruck anstrebt (Infobox 3.10).

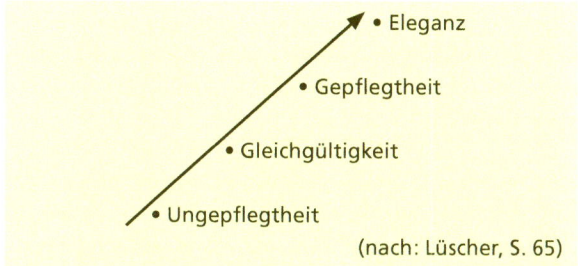

Infobox 3.10:
Niveau-Stufen der
Kleidung

Blaue Blazer

Ein Klassiker in Sachen Outfit, der immer ankommt und gediegenen Eindruck macht, ist der bereits erwähnte Blazer für den Mann. Dunkelblauer Stoff und goldene Knöpfe verleihen dem Träger seit jeher eine maritime Note. Dazu eine graue Hose mir schwarzem Ledergürtel und goldener Schnalle – und schon rückt der Eintritt in die Welt der Yacht-Eigner, Piloten oder Schlossbesitzer näher. Die goldene Uhr, die schwarzen Lederschuhe, das uni-farbene feine Hemd, sowie der schräg-gestreifte Schlips runden das Bild ab. So steht er da, der Mann von Welt: Germanys next Carry Grant oder George Clooney.

Billig und willig?

Für Frauen gestaltet sich die Sache etwas schwieriger, denn die Grenze zwischen elegantem und ordinärem Auftreten ist nicht immer klar auszumachen. Bereits zu enge Kleider, zu viel Schminke und Parfum, zu hochhackige Schuhe und zu grelle Farben können leicht einen billig-vulgären Eindruck erzeugen, der natürlich eng an die innere Vorstellung des Betrachters gebunden ist. Das sah wohl auch Richard Gere ein – und nahm „Pretty Woman" erst recht zur Filmfrau.

Eleganz ganz oben

Apropos Niveau in der Kleidung (Infobox 3.10): Lüscher sieht Eleganz in einer mit Freude individuell und souverän zusammengestellten Kleidung. Gepflegtheit zeigt sich in einer konventionellen Rollenimitation. Gleichgültig wirkt ein Outfit, wenn es unharmonisch, jedoch sauber ist. Und Ungepflegtheit zeigt sich in unharmonischer und zugleich unsauberer Kleidung. Waschmittel gehört für Zeitgenossen, denen ihr Image nicht ganz schnuppe ist, daher mit auf jede Reise.

Schönheit

Das Aussehen prägt das Ansehen. Schöne Menschen wirken attraktiv und sympathisch, wobei die Kriterien für Schönheit durchaus definiert sind – zumindest aus verhaltensbiologischer Sicht. Natürlich liegt Schönheit immer auch im Auge des Betrachters, dennoch gibt es einige Konstanten, die zumindest für die meisten Menschen Gültigkeit besitzen (Infobox 3.11). Schön ist eigentlich alles, was gesund, vital und jugendlich wirkt.

Die wohl wichtigste Signal-Empfehlung lautet: Betonen Sie Ihre Schokoladenseite. Stellen Sie Ihre Stärken offensiv heraus. Die vermeintlichen Makel verschwinden dann meist von allein, ganz einfach weil sie nicht mehr so auffallen.

Infobox 3.11: Universale Kriterien der Schönheit

Gesicht:	symmetrisch
Augen:	groß und klar
Haut:	rein
Lippen:	voll
Nase:	gerade
Größe:	Gardemaß
Haltung:	gerade
Körper:	schlank, gesund, kraftvoll, jugendlich
Haare:	volles Kopfhaar
Zähne:	weiß und gerade

Ansehen

Ansehen kommt von anschauen, das heißt, zu einem großen Menschen blickt man automatisch auf. Wem die Körpergröße fehlt, der baut sich einen Sockel, auf den er sich im Leben stellen kann – oder er kauft Schuhe mit höherem Absatz. Für Tom Cruise läuft es dadurch wohl im Filmgeschäft ganz gut. Großen Menschen werden grundsätzlich eher Führungsrollen zugewiesen als kleineren – wie auch Nicolas Sarkozys Schuhsohlen zeigen. Der Trick funktioniert offenbar gut.

> 51 Prozent der Männer suchen eine Partnerin zwischen 1,60 und 1,70 Metern Körpergröße. Frauen bis 1,80 Meter haben immerhin bei 36 Prozent der Männer eine Chance. Nur jeder zehnte Mann steht auf Frauen, die über 1.80 Meter sind. Männer zwischen 1,80 und 1,90 Meter haben bei Frauen die meisten Chancen. Deutsche Männer sind im Durchschnitt übrigens 1,75 Meter groß (Quelle: Singlestudie, ElitePartner.de, 2009).

Infobox 3.12:
Size matters

In heftig kritisierten Fernsehformaten wie „The Swan" wird mitunter zu drastischen Mitteln gegriffen, um Körpermerkmale zu verändern. Während der Gang zum Zahnarzt sicherlich noch vertretbar ist, um kariöse Schädigungen zu beheben, so ist der Weg zum Schönheitschirurgen nicht unumstritten. Gleichwohl legten sich im Jahr 2008 bereits 140.000 Frauen und zunehmend auch Männer unter das sprichwörtliche Messer, so die Angaben der Gesellschaft für Ästhetische Chirurgie Deutschland (GÄCD). Tendenz weltweit steigend: jährlich etwa um 10 bis 15 Prozent.

Ästhetische
Chirurgie

> *„Es waren nämlich nur drei*
> *Schönheitsoperationen."*
> (Tatjana Gsell, Chirurgenwitwe)

Die Kritik darauf ist in der Tendenz immer gleich: Soll man wirklich in die Natur eingreifen, statt zu seinem Körper zu stehen? „Es kommt darauf an", könnte man entgegnen. Denn was unterscheidet die neue Frisur letztlich

New Look

von einem neuen Look, den man sich per Facelift holt? Doch wohl nur der invasive Eingriff, der beim Haarstylisten approbationsbedingt fehlt. An dieser Stelle begeben wir uns aber in Grundsatzdiskussionen, die den Rahmen und den Anspruch dieses Buches sprengen würden. Lassen wir das Thema also lieber.

Infobox 3.13: Häufigste Eingriffe bei Frauen

1. Laserchirurgie im Gesicht
2. Fettabsaugungen
3. Lidplastiken
4. Nasenkorrekturen
5. Brustvergrößerungen
6. Krampfadern-Beseitigung
7. Tätowierungen entfernen
8. Brustverkleinerungen
9. Face-Liftings
10. Buchdeckenplastiken
11. Lippenkorrekturen
12. Ohren anlegen

(Quelle: GÄCD.de, 2008)

Sehnsucht

Manch eine Schönheitsoperation hebt das Selbstwertgefühl, manch andere macht aber auch süchtig nach mehr. So wie beim Tätowieren, wo bald der ganze Körper zum Kunstwerk mutiert. „Wenn man einmal damit angefangen hat, ist es schwierig, wieder aufzuhören", berichten Betroffene mitunter. Hinter manch einer Sucht steckt offenbar eine Sehnsucht – etwa die nach Anerkennung. Und um die zu bekommen, dafür ist vielfach kein Preis zu hoch.

Infobox 3.14: Ein neues Ich?

In der bereits erwähnten Fernsehshow „The Swan" soll für 16 Frauen ein lang ersehnter Traum in Erfüllung gehen. In nur wenigen Wochen werden sie einer „Komplettrenovierung" unterzogen. Wie in dem gleichnamigen Märchen sollen aus „hässlichen Entlein" nun „wunderschöne Schwäne" werden. Die Aufbauarbeit leistet ein Team aus Schönheitschirurgen, Fitnesstrainern, Ernährungsberatern und Psychologen. Das Ergebnis ist dann der Lohn für die Mühe: Ein neues Ich im schönen Körper.

(Quelle: Pro7.de)

Solarium

Ist bereits der Gang ins Solarium Ausdruck einer Dysmorphophobie, wie Psychologen die neuerdings gehäufte Angst vor dem eigenen Körperbild nennen? So schlimm ist es um chronische Sonnenanbeter wohl noch nicht bestellt. Gleichwohl ziehen viele Menschen eine scheinbar gesunde Bräune der vornehmen Blässe vor. Wer sich in jungen Jahren häufig unter die Röhre legt, schaut später nicht selten in gleichnamige hinein. So manche Sonnen-Flatrate lässt einen im Alter noch ein Stück älter aussehen, sagen Dermatologen. Dann doch lieber „schönschminken"? Immerhin 12 Prozent aller Männer könnten sich diese Variante vorstellen – bei sich selbst wohlgemerkt, so eine Burda-Studie aus 2008.

Der ideale Mann

Apropos Aussehen. Wie wünscht man sich den idealen Mann?, fragte eine Partnerbörse (Infobox 3.15). Heraus kam Marc Anthony, der aber schon an Jennifer Lopez vergeben ist. Ein südländischer Touch ist offenbar nicht verkehrt, wenn man Erfolg bei Frauen haben will. Tatsächlich gilt der südländische „Loverboy" in einschlägigen Kreisen als Abschlepper vom Dienst. Gut beraten ist also, wer sich nicht vom schönen Schein blenden lässt und stattdessen auf innere Schönheit setzt. Nur darauf kommt es Ihnen doch letztlich an, oder?

Infobox 3.15:
Was Frauen
wünschen

Der Traummann aus Frauensicht:
- Blaue Augen   39 %
- Braune Augen   37 %
- Grüne Augen   20 %

- Braune Haare   50 %
- Schwarze Haare   25 %
- Blonde Haare   22 %

- Sportlich-athletische Figur   44 %
- Schlanke Figur   31 %
- Mollige Figur   18 %

(Quelle: Singlestudie, ElitePartner.de, 2009)

Schlank, blond und blauäugig, so stellt sich dagegen das Anspruchsniveau der Männer dar (Infobox 3.16). Blondinen sind und bleiben bevorzugt, auch wenn Boris Becker das bis heute anders sieht. Weiblich gerne, mollig eher nicht: Was die Figur angeht, da sind sich alle Männer wieder einig.

Blondinen
beim EuGH

Bezeichnet man übrigens einen Mann herabwürdigend als „Blondine", so tut ihm das wahrscheinlich weh, ist aber rechtens. Der Europäische Gerichtshof entschied unlängst, dass der Vergleich eines Mannes mit einer Blondine kein Angriff auf die „Integrität der maskulinen Würde" darstellt.

Am wichtigsten für den Mann ist, dass sie schön und gepflegt aussieht, die Wunschpartnerin. Das sagen wenigstens 44 Prozent aller Männer, so eine thematisch ähnliche GfK-Umfrage aus 2008.

Infobox 3.16:
„Barbie-Puppen"
von Männern
bevorzugt?

Die Traumfrau aus Männersicht:
- Blaue Augen   46 %
- Braune Augen   33 %
- Grüne Augen   20 %

• Blonde Haare	37 %
• Brünette Haare	32 %
• Schwarze Haare	25 %
• Rote Haare	6 %
• Schlanke Figur	43 %
• Weibliche Figur	20 %
• Sportlich-athletische Figur	17 %
• Mollige Figur	3 %

(Quelle: Singlestudie, ElitePartner.de, 2009)

Sie wollen mithalten im Kampf um potenzielle Partner?
Dann tun Sie es. Haare kann man färben, Augen schminken und Figurprobleme kaschieren. Systematisches Image-Design macht so manches möglich – man muss nur wollen.

Messie oder Ordnungsfreak? Nicht nur die Körperoptik, **Hot Spots?**
sondern auch die dazugehörige Wohnumgebung eines
Menschen liefert Hinweise auf seine Persönlichkeit. Wie
man wohnt, so wirkt man. Ein Fernsehsender widmete dieser Einsicht ein ganzes Programmformat (Infobox 3.17).

„Die Wohnung eines Menschen sagt viel über seinen *Infobox: 3.17:*
Charakter aus", weiß Moderatorin Charlotte Engel- *„Schlüsselreiz –*
hardt. In der Doku-Soap „Schlüsselreiz – Vier Wohnun- *Vier Wohnungen,*
gen, ein Date" macht sie es sich zur Aufgabe, Single- *ein Date"*
Damen unter die Haube zu bringen. Dazu schickt sie sie
in die Höhlen männlicher Single-Löwen. Vier Wohnungen schauen sich die beiden Detektivinnen in Sachen
Liebe an: Sauberkeit, Stil, Erotikfaktor – nach diesen
Kriterien werden die Heimstätten und ihre noch unbekannten Besitzer beurteilt. Welche verspricht den sympathischsten, erotischsten, interessantesten Bewohner?"

(Quelle: Pro7.de)

Wohnumgebung

Was die persönlichen Dinge, mit denen ein Mensch sich umgibt, über ihn und seine Persönlichkeit aussagen, ist eine Frage der Erfahrung, meint Sam Gosling, der ein Buch zum Thema „Schnüffeln" geschrieben hat. Auch er schickte Testpersonen in fremde Wohnungen, vom Wohn- bis hin zum Schlafzimmer, und fragte dann ab, wie gesellig oder eigenbrötlerisch, wie vertrauensselig oder misstrauisch usw. der Zimmerbewohner eingeschätzt wird. Diese Ergebnisse wurden dann mit der Selbsteinschätzung der Zimmerbewohner verglichen. Erstaunlich war dabei, dass die Gewissenhaftigkeit und auch der Neurotizismusfaktor (das heißt Stresstoleranz, Gereiztheit und so weiter) durchaus zutreffend eingeschätzt wurden. Am genausten aber trafen die Tester den Grad der Offenheit für neue Erfahrungen.

Infobox 3.18:
Persönlichkeit

Die charakterlichen „Big Five":
- Gewissenhaftigkeit
- Verträglichkeit
- Offenheit für Erfahrungen
- Extraversion
- Neurotizismus

Worauf gründen sich diese bemerkenswert genauen Einschätzungen wildfremder Menschen? Vermutlich kommen auch hier wieder Schlüsselreize zum Tragen, diesmal im Sinne erlernter Merkmale. So lehrt unsere Lebenserfahrung, dass eine aufgeräumte Wohnung wohl mit einem ordentlichen Charakter korrespondiert. Ein modern eingerichtetes Ikea-Wohnzimmer gibt eben ein anderes Bild ab als ein Raum, der etwa im „Gelsenkirchener Barock" eingerichtet ist.

Infobox 3.19:
Möbel aus dem
Ruhrgebiet?

Als Gelsenkirchener Barock wird im Volksmund eine Möblierung bezeichnet, die sich vornehmlich durch überkommene Spießigkeit auszeichnet. Die meist wuchtigen und verschnörkelten Möbelstücke wirken heute unzeitgemäß und überladen. Das gewählte Mobiliar war früher Ausdruck eines demonstrativen Konsums. Diese „Es-ist-erreicht-Haltung" findet sich auch heute noch, etwa in der Anschaffung eines (gebrauchten) Mercedes, der dann für die gesamte Nachbarschaft sichtbar vor dem Haus geparkt wird.

Sie wollen, dass Ihre Wohnung vorzeigbar wird? Dann engagieren Sie doch einen Innenarchitekten, der sein Handwerk versteht. Oder Sie abonnieren „Schöner wohnen", frei nach dem Motto: Besser woanders gut abgeguckt als selbst gewollt und nicht gekonnt.

Geht es um die Beurteilung eines Menschen nach Augenschein, so sind die so genannten „Key Visuals" von großer Bedeutung. Im Laufe der Evolution haben sich bestimmte Schlüsselreize herauskristallisiert, die für eine Personeneinschätzung wichtig sind. Der gesamte Körper des Menschen fungiert dabei als Signalapparat (Jendrosch 1995), in dem sich Reize gegenseitig auch verstärken können. Schlank, blond, blauäugig – fertig ist die „Sexbombe". So ähnlich ist das zu verstehen.

Key Visuals

Mann oder Frau? Das Körperschema signalisiert zunächst schon auf die Entfernung das Geschlecht eines Menschen. Wer uns mit breiten Schultern, schmalen Hüften und federndem Gang wie ein Cowboy entgegenkommt, der sendet männliche Dominanzsignale aus. Kein Wunder also, dass der Gang ins Fitnessstudio so beliebt ist. Schultern und Oberarme, die das Körperschema optimal definieren, lassen sich an der Hantelbank wunderbar trainieren.

Körperschema

Frauen gehen auch ins Studio, aber eher, um die Problemzonen Bauch, Beine und Po in den Griff zu bekommen. Bei Frauen signalisieren ein breiteres Becken und weiblichere Rundungen ihre Gebärfreudigkeit. Das „Moppel-

Bauch, Beine, Po

Ich" ist vom Eindruck her selten gewollt, das ästhetische „Vollweib" geht aber im Urteil der Zuschauer dagegen locker durch, wie das Beispiel der beliebten Schauspielerin Christine Neubauer zeigt.

Gesichtsausdruck   Wohin schauen die Menschen zuerst, wenn sie sich begegnen? Zumeist ins Gesicht, denn das befindet sich ja sprichwörtlich auf gleicher Augenhöhe. Eindruck macht dabei stets ein Antlitz, das etwas aussagt. Dagegen wirkt Ausdruckslosigkeit flach und nichtssagend. Köpfe müssen daher nicht unbedingt schön im Sinne eines Modelideals sein, aber sie sollten markant wirken.

Infobox 3.20:
Kindchenschema

Bereits Gesichter von Babys machen psychologisch Eindruck. Der Verhaltensforscher Konrad Lorenz beschrieb das so genannte Kindchenschema als eine Merkmalskombination, die aus hoher Stirn, Kulleraugen, vollen Wangen, geschürzten Lippen und fliehendem Kinn besteht. Wir finden solche Gesichter einfach süß, egal ob es sich um echte Kindergesichter oder Attrappen handelt, wie bei überzeichneten Disney-Figuren. Ein „Baby-Face" auch noch im Alter zu haben, dürfte zumindest für Männer aber ein zweifelhaftes Vergnügen darstellen.

Zahnlos   Die Schauspielerin Barbara Rudnik galt mit ihrem markanten Gesicht stets als eine besonders kühle, herbe Schönheit. Die hohen Wangenknochen verliehen ihr eine gewisse Unnahbarkeit. Und von Marlene Dietrich wird gar berichtet, dass sie sich freiwillig die Backenzähne ziehen ließ, damit ihr Gesicht schlanker und markanter würde. Soweit muss man wohl nicht gehen, um dem Antlitz Ausdruck zu verleihen.

Dickschädel   Mangelt es an einem charismatischen Charakterkopf, so kann der passende Bart bei Männern oder die geeignete Frisur bei Frauen durchaus einiges wettmachen, was die

Natur bei der Modellierung des Gesichts und der Kopfform vermeintlich unterlassen hat.

„Schönes Haar ist dir gegeben, lass es leben ..." So beginnt ein bekannter Werbeslogan für ein Haarshampoo. Auch hier zeigt sich die große Bedeutung, die der menschlichen Behaarung zugestanden wird. Gerade alternde Männer fühlen sich vom Verlust ihrer einstmals wallenden Mähne gezeichnet und unternehmen alles, um sich die letzte Locke zu bewahren. Über Silvio Berlusconi, den italienischen Premierminister, wird gemunkelt, er habe sich sogar Haupthaare implantieren lassen, um viriler auszusehen. Es scheint jedenfalls zu klappen, wie der Erfolg bei seinen Wählern offenbar beweist.

Löwenmähne

Der Mensch ist ein Augentier, das gern schaut, aber auch selbst gern angeschaut wird. Augen sind sowohl Wahrnehmungs- als auch Signalorgane unsere Körpers. Bei Tieren kennt man als Ausdrucksmerkmal zum Beispiel das so genannte „Drohstarren". Auch das ist eine Form von Impression Management: Angst machen.

„Was guckst Du?!"

Blaue Augen signalisieren Unschuld und Jugendlichkeit, ganz einfach, weil diese Augenfarbe bei Babys noch weit verbreitet ist, sich später jedoch ändert. So verlieren wir mit der ursprünglichen Augenfarbe irgendwie auch unsere Unschuld. Eine ähnliche Wirkung entfalten dunkle Sonnenbrillen, die daher ein Muss für jeden Mafioso sind.

Blauäugig

Wer mit seiner Augenfarbe unzufrieden ist, der kann der Natur auch ohne großen Aufwand auf die Sprünge helfen, etwa durch das große Angebot an farbigen Kontaktlinsen. Da wird man schnell wieder blauäugig – sagt zumindest die entsprechende Werbung.

Infobox 3.22:
„Augen wie
klares Wasser"

Die ZEIT (v. 15.07.04) berichtete über einen falschen Arzt und Hochstapler, der sich in Riedlingen recht erfolgreich als Klinikgründer versuchte: „Der etwa 1,80 Meter große Mann ... fiel nicht nur durch seine makellose Kleidung auf. Er hatte Augen wie klares Wasser, und sein Gesicht war so stark gebräunt, dass man ihn für einen Südamerikaner hätte halten können, nicht für den gebürtigen Polen, der er tatsächlich war. Sein Gesicht war kantig, aber noch nicht verlebt; sein Schnauzer war so gewöhnlich, dass man ihn beinahe übersah. Er hatte dunkelbraune, an den Schläfen leicht ergraute Haare, die zu einem Pferdeschwanz gebunden waren, doch selbst dieses in Oberschwaben exzentrisch wirkende Detail minderte nicht den Eindruck von Eleganz; es schien ihn sogar zu verstärken, so wie ein kleiner Makel wahre Schönheit erst sichtbar macht."

Wimpern

Auch die Wimpern und Brauen erfüllen eine wichtige Signalfunktion. Lange geschwungene Wimpern und feine Augenbrauen erhöhen die Attraktivität und machen weiblicher – für Männer also ein eher schwieriges Terrain.

Vertuschung

Aber auch hier gilt: Die Kosmetikindustrie weiß Rat in allen Lebenslagen. Wimperntusche ist ein lukratives Geschäft, weil sich die Kundinnen die verführende Wirkung klimpernder Wimpern tatsächlich einiges kosten lassen.

Lippenstift

Lippen lügen nicht? Doch, dank Hyaluron und Eigenfett lässt sich auch die schmalste Unterlippe sinnlich formen. Angelina Jolie und Meg Ryan zeigen wie. Wem dies zu schmerzhaft ist, der greift wenigstens zum Lippenstift. Wie sagte doch ein Kosmetikhersteller einmal? „Wir verkaufen keine Lippenstifte, wir verkaufen Frauen Schönheit."

➡ Was aber gar nicht geht, sind spröde Lippen. Diese signalisieren Krankheit oder zumindest mangelnde Pflege. Sowohl bei Männern als auch bei Frauen. Also: Pflegestift einpacken!

1. Labello Lipcare	12,0 %	
2. Nivea Body	11,8 %	
3. Nivea Visage	10,7 %	
4. Dove	8,6 %	
5. Bebe	7,8 %	
6. Florena	5,9 %	
7. Nivea Vital	5,7 %	
8. Vichy	5,7 %	
9. Oil of Olaz	5,5 %	
10. ASS chlecker	5,0 %	
	(Quelle: statista.com)	

Infobox 3.23:
Top 10
Damen-Kosmetik-
Marken

Unsere Zähne sind wie Perlen, die weiß schimmernd in der Sonne glänzen. Zumindest wünschen wir uns das. Zähne sind Schmuck und Werkzeug zugleich. Das so genannte Zahndisplay vermittelt einen Eindruck vom Aufwand, den ein Mensch für seine Zahngesundheit betreibt, es ist mithin auch Ausdruck von Image und Persönlichkeit. Schauspieler wie Matthew McConaughey oder Tom Cruise sehen auf Fotos blendend aus, was auch am Bleaching ihrer Zähne liegt. Manchmal ist weniger zwar mehr, aber weiß wirkt nun mal tatsächlich sympathischer als ein verlebtes Gelb.

Zahndisplay

Neben Zahnpasta und Bürste gibt es ja noch Spangen, Veneers und Implantate, um dem Lächeln auf die Sprünge zu helfen. Fragen Sie zu Wirkung und Nebenwirkung doch einfach mal Ihren modernen Zahnarzt – und nehmen Sie ruhig etwas Kleingeld mit.

An der Nase eines Mannes soll man angeblich seine Persönlichkeit erkennen können. So oder so ähnlich lautet eine alte Volksweisheit. Immerhin haben es Thomas Gottschalk und Mike Krüger bereits 1983 bis ins Kino geschafft – und zwar als „Supernasen". Auch Gérard Depardieu kann sich über mangelnden Erfolg als Schauspieler kaum beklagen, trotz oder vielleicht sogar wegen seiner Nase, die ja auch Markenzeichen im Sinne des Personal Branding sein kann.

„Supernasen"

Immer der Nase nach

Frauen haben es hier natürlich schwerer, zu ihrer Nase zu stehen. Die Rhinoplastik stellt daher auch einen beliebten Eingriff beim Schönheitschirurgen dar (Infobox 3.13), der so zur gewünschten Stupsnase verhilft. Das Beispiel Michael Jacksons zeigt natürlich, dass operative Eingriffe immer auch mit Risiken behaftet sind, die es zu bedenken gilt. Sein Image ist durch die Operationen jedenfalls nicht besser geworden.

Segelohren

Prinz Charles wird immer wieder als Beispiel für markante Ohren genannt, die seinem Besitzer aber wenig an Ausstrahlung zu nehmen scheinen. Segelohren sind als Kind vermutlich ein Fluch, als Erwachsener dürfte man jedoch darüber stehen. Und auch hier hilft im Zweifel der Chirurg. Ab etwa 2.000 Euro ist man dabei.

Wonderbra

Auch die weibliche Brust leistet ihren Beitrag zum Impression Management. Ist sie zu klein, dann hilft der „Wonderbra". Der Push-up-Effekt dürfte wohl einer der größten Coups in der textilen Marketinggeschichte gewesen sein. Aber was signalisiert die Brust dabei eigentlich? Weniger die Stillkraft als vielmehr der Status dürfte es heute sein, der optisch zählt. So wie beim Mann ein ausgeprägter Six-Pack das Selbstwertgefühl erhöht, so dürfte auch der weibliche Brustumfang heute vermehrter Ausdruck sozialer Potenz geworden sein.

Spirale der Attraktivität

Der Verhaltensforscher Karl Grammer beschrieb einmal den so genannten Farah-Fawcett-Effekt. Da diese Schauspielerin (aus der TV-Serie „Drei Engel für Charly") den jüngeren Lesern heute kaum noch bekannt ist, darf man stattdessen wohl vom Angelina-Jolie-Effekt sprechen. Gemeint ist jedenfalls Folgendes: In einer sozialen Umgebung, in der viele schöne und hochattraktive Personen zugegen sind, passen wir unser eigenes Schönheitsideal entsprechend an. Man tritt unbewusst also in einen sozialen Attraktivitätswettbewerb, den man eigentlich nur verlieren kann, sofern man nicht tatsächlich so aussieht wie Angelina Jolie. Wer der Frustration entgehen will, sich als Verlierer zu fühlen, der sollte entweder das Umfeld wechseln oder sich zumindest die psychologischen Wirkmechanismen bewusst machen, auf denen die menschliche Wahrnehmung beruht. Die innere Auseinandersetzung ist mitunter der beste Weg zu mehr Gelassenheit in äußerlichen Dingen.

Ware Schönheit

Dove, die Marke mit den bewusst durchschnittlicheren und betagteren Frauen in der Werbung, stellte 2004 eine Studie zum Thema Schönheit vor, die sich allerdings wie Imagepflege in eigener Sache liest. Ob das, was die Frauen auf Nachfrage sagten (Infobox 3.24) auch dem entspricht, was sie im tiefsten Innern meinten, steht vermutlich auf einem ganz anderen Blatt. Nur fünf Prozent identifizieren sich demnach mit den gängigen Schönheitsidealen der ach so trügerischen Medienwelt? Das große Interesse für die Schönen und Reichen in den vielen Celebrity-Magazinen spricht merkwürdigerweise eine ganz andere Sprache.

Infobox 3.24: Dove Beauty Studie

Schönheit ist, eine „tolle Ausstrahlung zu haben"	95 %
Eine schöne Frau „hat Charakter"	80 %
Medien vermitteln falsche Ideale	87 %
Werbung vermittelt falsche Ideale	72 %
Identifikation mit gängigen Idealen	5 %

Hände

Gepflegte Hände machen Eindruck, sicherlich. Aber auch die Pranke, die wie ein Schraubstock die Hand zum Gruß ergreift, verfehlt ihre Wirkung nicht. Impression Management kann auch darin bestehen, Dominanz zu zeigen und nicht nur sprichwörtlichen Druck auf das Gegenüber auszuüben. Das wirkt dann fast wie eine Drohung. Von Gordon Brown, dem englischen Premierminister, wurde unlängst ein Foto publik, das seine lädierten Fingernägel zeigt (Süddeutsche Zeitung v. 4.06.2009). Nägelkauen ist immer ein Ausdruck von Stress, ein Zeichen autoaggressiven Verhaltens, das so gar nicht zur Rolle eines befreit aufspielenden Politikers passen will.

➡ Miss Tilly hätte in den siebziger Jahren wohl zu hautfreundlichem Spülmittel geraten („Sie baden gerade ihre Hände darin ..."). Heute dagegen gibt es doch French Nails oder das freundliche Nagelstudio um die Ecke. Besuchen Sie es einmal.

> *"I like big butts and I can not lie.*
> *You other brothers can't deny ..."*
> (Sir Mix-a-Lot)

Korrekturwäsche Jennifer Lopez ist nicht nur eine begnadete Sängerin und Schauspielerin, sondern auch eine echte Schönheit. Ihrem Beauty-Image schadet selbst die Diskussion um ihr angeblich üppiges Gesäß nicht, ganz im Gegenteil. Homeshopping-Sender verkaufen im Fernsehen bereits zuhauf Push-up-Gesäßhosen, mit denen der Po besser zur Geltung gebracht werden soll. Die Po-formenden Höschen sind unter der passend formulierten Rubrik „Korrekturwäsche" zu finden.

Killer Heels Beine sind ebenfalls Signalorgane, denn Länge und Form haben eine typische Wahrnehmungswirkung. Bei Frauen gilt, dass lange schlanke Beine und schmale Fesseln ein Zeichen von Attraktivität sind. Diese Attribute lassen sich allein durch die Wahl des Schuhwerks entsprechend beeinflussen. Sandalen verstärken das Bein weniger als Killer-Heels. Allerdings macht auch hier wie immer die Dosis das Gift. Wer die Attraktivität zu stark erhöht, setzt sich dem Eindruck der optischen Aufdringlichkeit aus – bis hin zum Ordinären. Also bitte keine Übertreibung, denn Lügner haben nur im Märchen kurze Beine.

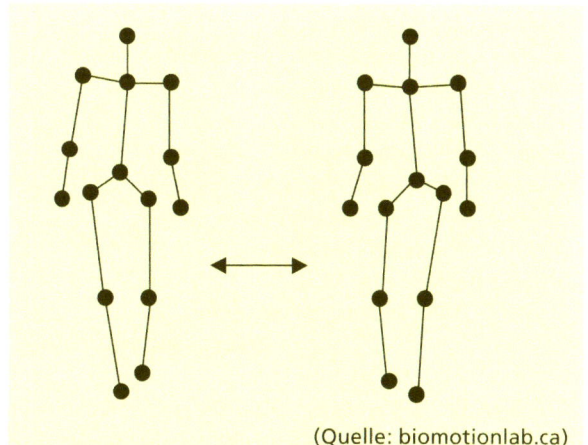

Infobox 3.25:
Bewegungs-
simulation im
Bio-Motion-Lab-
Project

(Quelle: biomotionlab.ca)

Dynamischer Gang

Für die zutreffende Erkennung von Geschlecht und auch psychischer Verfassung eines Menschen aus der Entfernung reichen bereits minimalste Parameter aus, wie etwa die Position der wichtigsten Gelenke. Im Bio-Motion-Lab-Project konnte gezeigt werden, dass die Ausstrahlung allein schon am Gangbild erkennbar ist (Infobox 3.25). Man tut also gut daran, es den amerikanischen Politikern gleichzutun, die stets mit federndem Gang das Podium hinauf- oder die Flugzeugtreppen herunterlaufen.

Merke: Wie du kommst gegangen, so wirst du auch empfangen – und vielleicht wiedergewählt.

Parfümierung

Nicht nur die Optik entscheidet über den Eindruck, den man hinterlässt, auch der Geruch prägt das Bild eines Menschen. Wenn wir sagen, dass wir jemanden nicht riechen können, dann ist dies sprachlicher Ausdruck einer gefühlten Ablehnung. An dieser Stelle soll gar nicht von Mundgeruch die Rede sein, der sich durch entsprechende Zahnhygiene wohl leicht beseitigen lässt. Vielmehr sind es das Parfum, das Rasierwasser, das Duschgel oder auch nur das Deo, welches das falsche Geruchsbild vermittelt.

Infobox 3.26: *Stars zum Riechen*	• Jennifer Lopez – Glow • David & Victoria Beckham – intimately • Kylie Minogue – Darling • Kate Moss – Velvet Hour • Steffi Graf & Andre Agassi – Always • Sarah Jessica Parker – LOVELY • Paris Hilton – Paris Hilton Parfums • Beyoncé Knowles – True Star • Gwen Stefani – L. A. M. B. • Usher – Usher For Him, Usher For Her (Quelle: Beauty-Wiki.de)

 Verzichten Sie doch einfach mal auf Ihr gewohntes kölnisch Wasser und duften Sie stattdessen so wie die Reichen und Schönen dieser Welt. Was glauben Sie, wofür deren Eigenmarken (Infobox 3.26) sonst kreiert wurden?

Duftmarken Die Nase reagiert sehr empfindlich auf Gerüche und registriert sofort, wenn jemand sich zu stark mit Duftmitteln eingenebelt hat. Gerade Männer neigen offenbar zu besonders herb riechenden Düften. Weil diese Dominanz ausstrahlen? Das tun sie wohl, aber wer andere auf geruchlicher Ebene einschüchtert, der darf sich über entsprechende Ablehnungsreaktionen nicht wundern. Sympathie schafft dies jedenfalls nicht. Und auch hier gilt im Zweifel, dass weniger meist mehr ist.

Touch me Weitere Ebenen des menschlichen Signalapparates liegen auf sprachlicher und auch tastender Ebene. Davon später mehr. Vorab nur so viel: Menschen mit Macht legen gerne auch einmal die Hand auf die Schulter anderer Menschen. Auch wenn diese Berührung letzteren nicht immer angenehm ist, gilt sie als staatsmännische Geste.

Unschuldige Um aber noch einmal auf das Schminken zurückzukom-
Frauen men: Die Zeitschrift Focus (17/2007) fragte den Filmemacher Alexander Adolph, der eine Dokumentation über

Hochstapler gedreht hat, ob er bei seinen Recherchen eigentlich auch weibliche Hochstapler getroffen hätte. Seine Antwort: „Nein. Ich hab welche gesucht, aber keine gefunden. Ein berühmter Forensiker sagte mir, Frauen würden niemals straffällig, weil sie im Alltag die Möglichkeit hätten, hochzustapeln – indem sie sich schön machen und sich schminken."

34 Prozent aller – zumeist weiblichen – Internet-Nutzer steuern gelegentlich Kosmetik-Websites an, so eine Studie von Fittkau & Maaß. Und weitere neun Prozent zählen gar zu den Heavy-Usern der Beauty-Sites im Netz. Über 60 Prozent geben darüber hinaus ganz offen zu, im Netz auf der Suche nach Tipps und Tricks in Sachen Schönheit und Schminke zu sein. Der Ego-Trip im Netz zeugt so auch von ästhetischem Ehrgeiz und persönlicher Initiative, was letztlich ja keine schlechte Einstellung ist.

Beratungsbedarf

Schöne Frauen machen Männer zumindest zeitweise dümmer. Das stellten Wissenschaftler der Universität in Nijmegen fest. Sie beobachteten die intellektuelle Leistungsfähigkeit von Studenten, kurz nachdem diese mit besonders attraktiven Kommilitoninnen zusammengebracht wurden. Ein Mann kann während und kurz nach der Begegnung mit einer schönen Frau nicht mehr klar denken, so das überraschende Fazit. Für Frauen galt das umgekehrt jedoch nicht. Das könne möglicherweise erklären, wieso Männer in höheren Bildungseinrichtungen oft schlechtere Ergebnisse erzielten als Frauen, sagte der Sozialpsychologe Johan Karremans. Er leitete die Studie mit 50 männlichen und 60 weiblichen Studenten. Sie mussten miteinander plaudern und anschließend Prüfungsaufgaben lösen. Die männlichen Testpersonen wären insbesondere bei Begegnungen mit solchen Frauen, die allgemein als attraktiv empfunden wurden, „stark damit beschäftigt gewesen, Eindruck zu schinden". Das habe vermutlich ihre geistige

Infobox 3.27:
Schöne Frauen
machen Männer
dümmer

Leistungsfähigkeit erheblich in Anspruch genommen. Die am Test beteiligten Frauen hingegen seien durch Begegnungen mit „schicken" Männern in ihrem Denkvermögen nicht beeinträchtigt worden, erklärte Karremans in der Universitätszeitung Vox.

(Quelle: dpa/ voxlog.nl, 09.06.2009)

Natürlicher Freibrief

„Eindruck schinden" klingt nicht nett und doch scheint es genau das zu sein, wonach die Menschen streben. Wir können halt nicht anders, denn die Natur und die Evolution hat uns so gemacht. Eine besseren Freibrief kann man sich doch gar nicht wünschen, oder?

4. Reality Check –
Wer hoch stapelt, kann tief fallen!

„Bescheidenheit ist eine Zier,
doch weiter kommt man ohne ihr.“

Impression Management ist ein feine Sache, wenn es darum geht, überzeugender aufzutreten und ein respektierliches Bild in der Öffentlichkeit abzugeben. Warum auch nicht? Problematisch wird die Angelegenheit jedoch dann, wenn nicht nur moralische, sondern auch juristische Grenzen überschritten werden (Infobox 4.1), etwa hin zum strafbaren Betrug.

Juristische Grenzen

• Betrug (§ 263 StGB)
• Urkundenfälschung (§ 267 StGB)
• Amtsanmaßung (§ 132 StGB)
• Führung falscher Titel (§ 132a StGB)

Infobox 4.1: Bitte nicht machen!

Kaum jemand ist gern mit Menschen zusammen, die permanent angeben und dick auftragen. Gelegentlich mag Angeberei vielleicht gerechtfertigt sein, etwa um einem anderen Zeitgenossen mit zu viel Selbstbewusstsein einmal Paroli zu bieten. Aber insgesamt gelten Angeber als eher unangenehm, weil man sich in ihrem Umfeld klein und unbedeutend fühlt. Und weil man innerlich spürt, dass hier zu viel des Guten erzählt wird. Die Dosis macht auch diesmal wieder das Gift, so auch bei Menschen, die zu stark auftrumpfen wollen.

Angeber

Während man den Umgang mit Angebern meist meiden oder minimieren kann, fällt dies bei Hochstaplern weniger leicht. Ihr Metier ist schließlich die geschickte Tarnung und die dosierte Selbstdarstellung, die nicht selten zwischen Genie und Wahnsinn zu schwanken scheint. Es ist gerade das geschickte Spiel mit den Erwartungen der Mitmenschen und das Ausloten von sozialen Grenzen, das

Hochstapler

die Hochstapler geschickt beherrschen. Eine bemerkenswerte Gabe, die leider für den falschen Zweck genutzt wird – auch wenn wir manchmal über die obskuren Fälle schmunzeln müssen.

Glaube an die Obrigkeit

Das durfte auch der falsche Hauptmann von Köpenick erfahren, über dessen gleichnamige „Köpenickiade" seinerzeit sogar der Kaiser lachte. Wer sucht, der findet auch heute noch Fälle zuhauf, in denen über dreiste Hochstapler in der Presse berichtet wird (Infobox 4.2).

Infobox 4.2: Dokumentierte Hochstapler

Gert Postel	Falscher Arzt
Jürgen Harksen	Finanzjongleur
Jürgen Schneider	Baulöwe
Manfred Schmider	Flowtex-Affäre
Fürst Alexander	Falscher Fürst
R. Protsch von Zieten	Dubioser Professor
Felix Krull	Romanfigur
Frank Abignail	Filmfigur

Strategien und Motive

Der Filmemacher Alexander Adolph interviewte für eine bemerkenswerte Dokumentation vier verurteilte Hochstapler, die sich recht offen über ihr Verhalten, ihre Strategien und Motive äußerten: „Der eine machte sich einen braven Familienvater zum Freund, um Macht über ihn zu gewinnen und ihn ganz langsam zu ruinieren. Der andere ist mit ungedeckten Schecks durch Deutschland gezogen und fühlte sich wie ein König dabei. Der Dritte, gelernter Schrottzerleger, organisierte als amerikanischer Major eine Nato-Sicherheitskonferenz, gern gab er sich auch als Diplomat und persönlicher Freund Joschka Fischers aus. Der Vierte verkaufte Anteile eines Vermögens, das es nicht gab – und besaß einen Learjet, mehrere Häuser und die Gunst der besten Kreise Hamburgs, die er um angeblich 600 Millionen Mark erleichterte."

(Quelle: Hochstapler-Film.de)

Das Manager-Magazin titelte 2003 mit der Frage, ob der inzwischen wieder aus der Haft entlassene Jürgen Harksen eher ein „Finanzgenie" oder ein „Promi-Betrüger" gewesen sei. Der Bild-Zeitung gegenüber berichtete er selbst 2008: „Je absurder meine Versprechen waren, desto mehr haben mir meine Kunden geglaubt." Gleichwohl wird auch das Unrechtsbewusstsein seines Tuns deutlich: „Aber immer habe ich gewusst, dass ich irgendwann auffliegen würde. Ich habe ständig mit dieser Angst gelebt." Ja, auch Hochstapler haben es nicht immer leicht im Leben.

Absurde Versprechen

Der Unternehmer Manfred Schmider ging durch den so genannten „Flowtex-Skandal" in die Kriminalgeschichte ein. Der Spiegel berichtete 2001 über den Gerichtsprozess, in dem Gutachter eine schuldmildernde Megalomanie, das heißt einen krankhaften Größenwahn ins Feld führten. Ein psychiatrisches Gutachten spricht gar vom „Harry-Potter-Phänomen" der halluzinatorischen Wunscherfüllung. Danach habe der Angeklagte wohl lebenslang einen Kampf gegen Minderwertigkeitsgefühle und Selbstzweifel geführt. „Dieses innere Image des Gebrauchtwagenhändlers, das hat er all die Jahre zu überwinden versucht", zitiert der Spiegel den psychologischen Gutachter.

Megalomanie

Der als „Baulöwe" bekannte Dr. Utz Jürgen Schneider verursachte 1994 durch Betrug und Urkundenfälschung einen der größten Wirtschaftsskandale in Deutschland. Durch sein seriöses geschäftsmännisches Auftreten fiel es ihm offenbar leicht, immer neue Bankkredite zu erhalten, die er jedoch nie zurückzahlen konnte oder wollte. Die vom Chef der Deutschen Bank seinerzeit als „Peanuts" bezeichneten Millionen-Rechnungen, auf denen geschädigte Handwerker sitzenblieben, gingen bekanntlich als geflügeltes Wort in die Wirtschaftsgeschichte ein.

„Baulöwe Schneider"

Der Focus berichtete 2005 über die Festnahme des 21-Jährigen „Fürst Jörg Alexander zu Sayn-Wittgenstein zu Ber-

Der falsche Fürst aus Düsseldorf

leburg" durch die Polizei in Düsseldorf. In einer späteren Talkshow des SWR äußerte sich der falsche Fürst zu seinen Taten und gab dabei ein überaus sympathisches Bild ab. Auch hier war es das smarte Erscheinungsbild und waren es die guten Umgangsformen, gepaart mit sprachlichem Ausdrucksvermögen, die dem jungen Hochstapler sein Tun offensichtlich erleichterten.

In welcher Form treten Hochstapler auf? Die Bandbreite ist groß. Sie reicht von der einfachen Angeberei über die gezielte Flunkerei bis hin zur betrügerischen Amtsanmaßung, wie Infobox 4.3 illustriert.

Infobox 4.3:
Einige Formen der
Hochstapelei

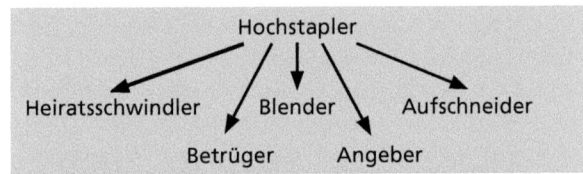

Gekaufte
Doktortitel

Die Führung falscher Titel ist ein beliebtes Mittel, um Eindruck zu machen. Der Deutsche Hochschulverband schätzt, dass mindestens ein Prozent aller Doktortitel unrechtmäßig geführt wird, also irgendwie gefälscht oder schlicht gekauft ist. Immer wieder wird von Titelhändlern berichtet, die akademische Titel unter dem Deckmantel der Promotionsberatung verkaufen. Aber auch Adelstitel finden sich im Angebot dubioser Händler.

Der schöne Konsul

Bekannt wurde in diesem Zusammenhang der „schöne Konsul Weyer", der offenbar viele Interessenten gegen Bares adelte, etwa indem er Adoptionen vermittelte oder Diplomatenstatus verschaffte. Über eine Begegnung mit ihm berichtete die Welt (30.09.07): „An diesem göttlichen Abend trägt der Konsul Babyblau. Dazu kontrastiert das weit geöffnete, weiße Rüschenhemd. Ganz besonders prächtig ist das riesige seidene Einstecktuch, das aus der Anzugtasche weht wie die Flagge eines souveränen Landes.

Der Herr Konsul, Graf von York, zivil Hans-Herrmann Weyer, seit über 40 Jahren umstrittener Händler von frei verkäuflichen Adels- und Doktortiteln, weiß eben noch immer, wie man Staat macht."

„Staat machen" ist nicht verkehrt. Aber bitte nur mit redlichen Methoden. Am gesellschaftlich bewährten Kleidungsstil des Konsuls kann man sich aber unbeschadet orientieren, wenn man auf dem Parkett unsicher ist.

Titel-Inflation

Ein gern gesehener Gast in Celebrity-Magazinen ist in diesem Zusammenhang auch Prinz Frederick von Anhalt, jüngerer Ehemann der älteren Schauspielerin Zsa Zsa Gabor. Er selbst ließ sich seinerzeit von der verarmten Schwiegertochter Kaiser Wilhelms II. gegen Zahlung einer Monatsrente adoptieren und erhielt dadurch den Prinzen-Titel. Nun wurde bekannt, dass er selbst für viele Millionen Euro vier Männer adoptiert und zu Prinzen gemacht hat. Einer von ihnen ist Arzt, einer betreibt Fitnessstudios, einer Bordelle, einer Striptease-Clubs, berichtete die Rheinische Post (15.01.07).

Seriöses Charisma

Titel verleihen Ansehen, und manche glauben, auch Charisma. Das ehrlichste Ansehen dürfte jedoch immer noch auf fachlichem Können und geistiger Größe beruhen (Infobox 4.4). Auch so kann man solides Charisma bekommen, und zwar ganz ohne Übertreibungen. Vorschuss-Charisma wird vorab gewährt, wenn man den Menschen noch nicht persönlich kennt. Alters-Charisma beruht auf der Autorität des Alters, auch wenn dieses ja bekanntlich nicht vor Torheiten schützt. Nachruf-Charisma bezeichnet das steigende Ansehen nach dem Tod. Und mit dem Charisma, das auf einer Dominanz der rechten Hirnhälfte beruhen soll, ist eine biologisch bedingte Ausstrahlungskraft gemeint – auch wenn diese Annahme nicht wissenschaftlich gesichert ist.

Infobox 4.4:
Formen von
Charisma

- Titel-Charisma
- Vorschuss-Charisma
- Alters-Charisma
- Nachruf-Charisma
- Charisma aus Können
- Charisma durch Hirnfelddominanz

(nach: Eggetsberger)

 Sie wollen die Dominanz Ihres Hirnfeldes erhöhen? Dann versuchen Sie es am besten mit der rechten, kreativen Hemisphäre. Etwa, indem Sie lernen, ein Musikinstrument zu spielen. Das regt die Synapsen an und verschafft Ihnen Bewunderung bei Ihren Zuhörern. Sofern es später gut klappt mit dem Vorspielen.

Anwaltliche
Ausstrahlung

Der WDR berichtete vor einigen Jahren über den Hochstapler Willy Luchs. In dem Film mit dem Titel „Dr. Jung ist nicht zu fassen" wurde ein Düsseldorfer Star-Anwalt vorgestellt, der zwar über einschlägige Berufserfahrung als Gerichtsschreiber verfügte, auf ein echtes Jura-Studium aber verzichtet hatte. Gleichwohl gelang ihm mit seiner Nobelkanzlei der Sprung auf das gesellschaftliche Parkett, wo er unter anderem hochkarätige Events mit Prominenten erfolgreich organisierte. Das ging jedoch nur so lange gut, bis seinen Kollegen die fehlende Zulassung bei der Anwaltskammer auffiel. Erfolg hat eben immer viele Neider.

Möglichkeiten zum sozialen Falschspielen gab und gibt es also immer. Einige typische Mittel sind in Infobox 4.5 dargestellt. Die virtuelle Welt des Web 2.0 eröffnet dabei immer neue und zusätzliche Dimensionen der Eindruckssteuerung.

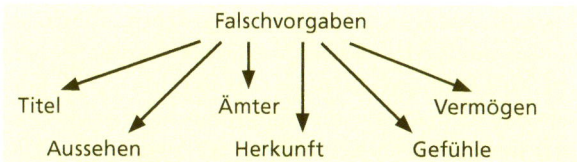

Als „Professor, an dem nichts stimmt" berichtete der Spiegel (19.06.09) über den Anthropologen Professor Dr. Dr. Reiner Rudolf Robert Protsch von Zieten. Dieser leitete seit 1973 als Lehrstuhlinhaber und geschäftsführender Direktor das Institut für Anthropologie und Humangenetik für Biologen am Fachbereich Biologie und Informatik an der Johann-Wolfgang-Goethe-Universität in Frankfurt. Und das alles ohne Abitur und ohne Habilitation. Protsch von Zieten wurde wegen veruntreuender Unterschlagung in sechs Fällen sowie Urkundenfälschung und -unterdrückung zu einer Freiheitsstrafe von einem Jahr und sechs Monaten auf Bewährung verurteilt, so der Spiegel. Er stehe nun als 70-Jähriger, gefangen in seinen Lebenslügen, vor den Trümmern seines Berufslebens und seines Selbstbildes. Der psychiatrische Gutachter Professor Leygraf erkannte wohl „eine deutlich narzisstisch-histrionische Persönlichkeitsakzentuierung", jedoch letztlich keine schuldmindernde psychische Erkrankung.

Problematischer Professor?

„Menschen mit dieser Störung stehen ständig ‚auf der Bühne'; mit theatralischen Gesten und Manierismen und in den großartigsten Ausdrücken schildern sie alltägliche Ereignisse. Wie ein Chamäleon passen sie sich ihrem Publikum an, sie wechseln ihre Oberflächenmerkmale, und ihnen fehlt ein echtes Gefühl dafür, wer sie eigentlich sind. Ihre Sprechweise ist entsprechend impressionistisch", schildert Ronald Comer (S. 622 f.) dieses bemerkenswerte Störungsbild.

*Infobox 4.6:
Was ist eine
histrionische
Persönlichkeit?*

Wenn wir schon einmal bei der Medizin sind, so lohnt auch ein Blick auf das so genannte „Münchhausen-Syndrom".

*Lügenbaron
Münchhausen*

Darunter fallen nicht diejenigen Menschen, die Krankheiten simulieren, etwa um finanzielle Entschädigungen der Versicherung zu kassieren oder um sich vor der Bundeswehr zu drücken. Beim Münchhausen-Syndrom simuliert der Betroffene vielmehr um der Simulation willen, also ohne erkennbaren Grund oder Sinn. „Wie der Baron Münchhausen, ein Kavallerieoffizier im 18. Jahrhundert, der in ganz Europa von Kneipe zu Kneipe zog und fantastische Geschichten über seine angeblichen Abenteuer erzählte, ziehen die Betroffenen von Klinik zu Klinik, beten ihre Symptome herunter und werden aufgenommen und behandelt", illustriert Comer (S. 394) auch dieses Störungsbild. Klinisches Simulationsverhalten macht zwar Eindruck, bleibt letztlich aber frei von echtem Nutzen.

Täuschung bei Tieren

Jeder Mensch lügt bis zu 200 Mal am Tag, haben Wissenschaftler herausgefunden. Und selbst im Tierreich finden sich Fälle von Täuschung und Betrug. Es gibt Fische, die sich aufblasen, und Vögel, die sich aufplustern, um größer und bedrohlicher zu wirken. Die Wespenschwebfliege imitiert einfach die Signalfarbe der echten Wespe und wird dadurch von Fressfeinden gemieden. Dieses Nachahmen von Merkmalen wird allgemein auch als Mimikry bezeichnet. Es findet sich vielfach in der (auch menschlichen) Natur.

Blendwerk

Was lehrt uns der Blick in die Trickkiste der Hochstapelei? Zum einen, dass dieses Metier mit großen Risiken verbunden ist. Zum anderen aber auch, dass es schon erstaulich ist, mit welch einfachen Mitteln man falsche Eindrücke und ein fremdes Image generieren kann. Und nur zu gern lassen wir Menschen uns auch vom bunten Feuerwerk blenden, das so mancher Mensch zündet, wenn es darum geht, Eindruck zu machen.

Fake it till you make it

Ein bisschen Show ist ja nie falsch, etwa um Aufmerksamkeit zu erzielen und um überhaupt erst einmal den Fuß in die Tür zur Popularität zu setzen. Aber irgendwann sollte man den Fuß auch wieder zurückziehen. Und zwar spätestens dann, wenn man seinen persönlichen Erfolg auf den Weg gebracht hat.

Ein Tipp zum Schluss: Ist es eigentlich unredlich, seine Erscheinung leicht zu optimieren? Also Feintuning in eigener Sache zu betreiben, etwa beim Bewerbungsfoto? Wohl kaum, könnte man meinen. Denn das, was uns auf den Titelblättern der Illustrierten geboten wird, ist auch selten, wonach es aussieht. So existiert kaum ein Cover-Foto, das nicht retuschiert, beschnitten oder kreativ angepasst wurde.

Kreative Bildbearbeitung

Merke: Bilder sagen zwar mehr als 1.000 Worte – aber keineswegs immer die Wahrheit. Also, holen Sie sich doch einfach Photoshop oder ein ähnliches Bildbearbeitungsprogramm und gestalten Sie endlich Ihr eigenes Image – zumindest am PC. Aber bitte keine falschen Ausweise und Diplome!

5. Mental Power – Entwickeln Sie die richtige Einstellung!

„Mens sana in corpore sano."
(Ein gesunder Geist in einem gesunden Körper,
Juvenal)

Der äußere Eindruck, den ein Mensch macht, muss nicht unbedingt seiner inneren Einstellung entsprechen. Man kann sich bekanntlich auch in Menschen täuschen, wenn diese einem etwas vormachen. Allerdings kostet dieser Verstellungsaufwand Kraft. Energie, die der Persönlichkeit und ihrem Charisma auf Dauer fehlt. Insofern ist der Idealfall natürlich eine innere Power, die nach außen strahlt. Authentizität und Echtheit pur also. Wir bewundern Menschen, die sagen, was sie denken – und die konsequent danach handeln. Wort und Tat sind dann eine Einheit, die zugleich die gesamte Persönlichkeit widerspiegelt.

Verstellung kostet Kraft

Viele Menschen müssen jedoch mit Kompromissen leben. Sei es im Beruf oder auch privat. Wahrhaftigkeit ist auch für diese Personengruppe eine feine Sache – wenn man sie sich denn leisten kann. Häufigste Gründe für das Verbiegen der eigenen Persönlichkeit sind Sachzwänge, die von außen vorgegeben sind. So scheint es zumindest, denn echte Zwänge sind zu selten, als dass sie unser Handeln bestimmen könnten.

Sachzwänge

Ein angepasster Lebenswandel hat daher seinen Preis. Wir zahlen ihn in Form von Selbstwertverlusten, von mangelndem Selbstbewusstsein. Diese Haltung kränkt, bis hin zu realen Störungen psychischer oder physischer Natur. Depressionen und psychosomatische Krankheiten wachsen sich mittlerweile zu Leiden einer ganzen Gesellschaft aus. Traurige Gesichter, hängende Schultern und gebeug-

Anpassung

ter Gang sind sichtbarer Ausdruck solch innerer Stimmungen, von denen Infobox 5.1 einen Eindruck vermittelt.

Infobox 5.1:
Häufigkeit psy-
chischer Leiden in
der Bevölkerung
(Mehrfachnen-
nungen möglich)

• Selbstwertprobleme	71 %
• Depressionen	61 %
• Ängste	56 %
• Partnerprobleme	56 %
• Körperliche Symptome	45 %
• Kontaktprobleme	44 %
• Probleme mit der eigenen Sexualität	35 %
• Arbeitsprobleme	33 %
• Selbstmordabsichten	29 %
• Familienprobleme	23 %
	(Quelle: Psychologie heute, o. J.)

Fragen Sie sich selbst: Was ist Ihnen Ihr Image wert? Auf wie viel Freiheit würden Sie verzichten, um sozialen Prestigeansprüchen zu genügen? Wie sehr können Sie sich für andere verbiegen, ohne charakterlich daran zu zerbrechen?

Spaßfaktor

Eindruck macht also nicht nur der, der gut aussieht, sondern auch derjenige, der eine positive Einstellung mitbringt. Wer will einen schönen Menschen, der sich immerfort als Bedenkenträger geriert, egal was man tut? Dann umgibt man sich doch lieber mit optisch durchschnittlichen Menschen wie du und ich – und hat dabei seinen Spaß.

Infobox 5.2:
Person klingt gut

Der Begriff Person lässt sich auf das lateinische Verb „personare" zurückführen, das so viel wie hindurchklingen oder -tönen bedeutet. Frei interpretiert kann der menschliche Körper also als Gefäß verstanden werden, durch das die Persönlichkeit nach außen dringt. Wie viel klingt von Ihnen nach außen durch?

Die nachfolgende Studie (Infobox 5.3) zeigt, dass auch die inneren Werte wichtig für die Attraktivität sind, das sagen insbesondere die befragten Frauen. Männer sind wieder einmal mehr auf Äußerlichkeiten bedacht. Aber der Charakter spielt jedenfalls auch eine zentrale Rolle, ebenso wie der Charme und die Freundlichkeit – immerhin.

Gutes Aussehen:	Frauen	15 %	
	Männer	26%	
Guter Charakter:	Gesamt	21 %	
Ausstrahlung/Charme:	Frauen	25 %	
	Männer	17 %	
Gepflegtes Äußeres:	Gesamt	18 %	
Gute Figur:	Gesamt	17 %	
Kleidung:	Gesamt	12 %	
Freundlichkeit:	Gesamt	11 %	
Ehrlichkeit:	Gesamt	10 %	
	(Quelle: IPSOS, Nov. 2007)		

Infobox 5.3:
Was macht
einen schönen
Menschen aus?

Und tatsächlich belegen auch andere Untersuchungen, dass es eine Kraft gibt, die aus dem Inneren zu kommen scheint, die dann auch attraktiv machen kann. Interessierte, begeisterte und wache Menschen sind angenehmere Gesprächspartner als solche, die zwar gut aussehen, aber sonst nichts zu sagen haben. Das erinnert ein wenig an Hugh Grant in dem Film „About a boy". Grant spielt dort einen gelangweilten Menschen mit Geld, aber ohne sonstige Ambitionen. Sein Erfolg bei Frauen ist entsprechend mäßig, so die Filmbotschaft, weil diese jemanden suchen, der etwas aus seinem Leben macht. Geld macht hier also noch nicht einmal sexy. Wie man es besser anstellen kann, zeigen folgende Daten einer Studie der Monmouth-Universität, New Jersey, aus dem Jahr 2007 (Infobox 5.4).

Geld allein macht
nicht glücklich

Infobox 5.4:
Faktoren der
Attraktivität

- Soziales Engagement zum Beispiel macht attraktiv.
- Menschen, die fröhlich gucken, wirken attraktiv.
- Menschen, die sich für etwas begeistern, reißen auch andere mit.
- Wer Interesse zeigt, zuhört, Fragen stellt, wirkt attraktiv.
- Mut zu Ecken und Kanten zahlt sich aus.
- Wichtigster Attraktivitätsfaktor ist die Authentizität.

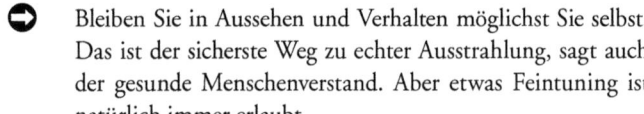

Bleiben Sie in Aussehen und Verhalten möglichst Sie selbst. Das ist der sicherste Weg zu echter Ausstrahlung, sagt auch der gesunde Menschenverstand. Aber etwas Feintuning ist natürlich immer erlaubt.

Echte
Ehrlichkeit?

Aber passt diese Regel wirklich ins Impression Management? Gilt Echtheit auch auf der Bühne der Schauspieler? Im Prinzip ja, lautet die Antwort, aber wie immer im Leben kommt es auch auf die äußeren Umstände an.

Schlechte Laune
stoppen

Wer zum Beispiel schlecht gelaunt ist, der ist es wirklich. Aber niemand hat letztlich etwas von dieser Wahrheit. Auch wer eine Grippe hat, ist wirklich krank. Und auch hier ist die Wahrhaftigkeit für die Umwelt kaum von Nutzen. Besser ist es, seine Medizin einzunehmen, die Umwelt zu verschonen und konsequent an der eigenen Genesung zu arbeiten: Positiv denken, konstruktiv handeln und nach vorne blicken. So zieht man sich am eigenen Schopf wieder aus dem Stimmungs- oder Gesundheitssumpf. Wer dagegen offen und ehrlich zu seiner miesen Laune oder Grippe steht, mag mit sich im Reinen sein – er steckt jedoch auch andere an. Attraktiv sind Jammerlappen nicht. Insofern gilt hier die Regel „Fake it til you make it". Man muss die Abwärtsspirale irgendwie stoppen, auch innerlich, erst dann kann es wieder aufwärts gehen.

Sorgen
machen unfrei

Ängste und Sorgen gelten dabei als die größten Faktoren, die Ihre Ausstrahlung beeinträchtigen können. Es sind sprichwörtliche Charisma-Killer. Und es ist nicht nur das Verdienst der Psychoanalyse um Sigmund Freud, der darauf hinwies, dass erst die Ursachen von Problemen beseitigt werden müssen, damit auch die Symptome verschwinden. Fakt ist, dass nur der angst- und sorgenfreie Mensch wirklich unbeschwert agieren kann – und das sieht man ihm dann auch an.

1. Anstieg der Lebenshaltungskosten	76 %	*Infobox 5.5:*
2. Verschlechterung der Wirtschaftslage	58 %	*Die größten*
3. Naturkatastrophen	59 %	*Ängste der*
4. Pflegefall im Alter	53 %	*Deutschen*
5. schwere Erkrankung	51 %	
6. Überforderung der Politiker	49 %	
7. eigene Arbeitslosigkeit	48 %	
(Quelle: Angstindex 2008, ruv.de)		

Sie hätten gern mehr mentale Power? Dann gehen Sie gezielt Ihre Ängste an. Arbeiten Sie sie ab, systematisch und Schritt für Schritt. Denn Verdrängen hilft nicht und Bangemachen gilt nicht. Mit jedem gelösten Problem festigt sich dafür Ihr Selbstbewusstsein.

Ängste sind also Charisma-Killer, soviel steht fest. Aber was genau ist eigentlich mit dem Begriff Charisma gemeint? Die Meinungen hierüber gehen zwar etwas auseinander, deuten jedoch in die gleiche Richtung (Infobox 5.6). Es ist wohl das gewisse Etwas, das einen Menschen besonders macht. *Charisma-Killer*

Ein wesentliches Ausstrahlungsmerkmal ist offenbar der Grad der Extrovertiertheit, den ein Mensch aufweist. Die sprichwörtliche graue Maus, die ihr Mauerblümchendasein fristet, wird kaum von anderen wahrgenommen. Wie soll mit dieser Haltung eine Botschaft vermittelt werden, geschweige denn überhaupt ankommen? Und bei wem? Menschen mit Ausstrahlung brauchen das Licht der Öffentlichkeit, ihr Publikum und ihre Bühne. *Extrovertiertheit*

81

Infobox 5.6:
Charisma – was
ist das? (Häufige
Assoziationen
von Befragten)

- Gelassenheit
- Natürlichkeit
- Offener Blickkontakt
- Aufmerksames Zuhören
- Interessantes Erzählen
- Sympathische Erscheinung
- Nettes Lächeln
- Innere Wärme
- Interesse für andere
- Mit beiden Beinen auf dem Boden stehen
- Kompetenz
- Sexappeal
- Eine ganz besondere Ausstrahlung
- Innere Ausgeglichenheit mit sich selbst und der Welt
- Humor
- Die richtige Körpersprache
- Ausstrahlung
- Extrovertiertheit
- Selbstbewusstsein
- Innere und äußere Macht

Mitteilungs-
bedürfnis

Extrovertierte Menschen geben etwas von dem preis, was sich in ihrem Inneren abspielt. Sie zeigen Gefühle, erzählen Persönliches und vermitteln innere Standpunkte. Die Angst, sich zu blamieren oder bloßzustellen, ist ihnen nicht fremd, aber doch nicht so wichtig wie der Wunsch, sich mitzuteilen.

Gelenkanalyse

Verhaltensforscher haben eine interessante Methode entwickelt, das Charisma eines Menschen sichtbar zu machen. Sie filmen für eine kurze Zeit die Bewegungen beim Tanz und entschlüsseln dabei die Bewegungsparameter. Ähnlich wie beim Bio-Motion-Lab-Project (Infobox 3.25) werden auch hier die Auslenkungen der Extremitäten analysiert. Wir kennen das vom Sprechen mit Händen und Füßen: Wenn uns etwas begeistert, dann geht der ganze Körper mit.

Letztlich misst die so genannte Charisma-Cam damit auch wieder die Persönlichkeitsparameter der klassischen Psychologie, also Gewissenhaftigkeit, Extrovertiertheit, Offenheit, emotionelle Stabilität und soziale Toleranz (Infobox 3.18). Charismatiker punkten hier in Sachen körpermotorischer Freizügigkeit.

Charisma-Cam

Tatsächlich ist es ja auch beim Tanz so, dass sich immer nur einige wenige auf die Bühne trauen und ihren bewegten Körper unter der Disco-Kugel präsentieren, während viele andere sich auf das Zuschauen beschränken. Insofern liegt der Charisma-Cam eine originelle Test-Idee zugrunde, die auch „Hitch, der Date-Doktor" schon kannte: „Egal wie, egal wann, egal wer: Jeder Mann hat die Chance, eine Frau von den Füßen zu fegen – vorausgesetzt, er hat den richtigen Besen." Film unbekannt? Dann ab in die Videothek. Es lohnt sich.

Dancing Queen

Der Charisma-Forscher Doktor Eggetsberger verfolgte bei seinen Analysen – anders als „Doktor Hitch" – den Bio-Feedback-Ansatz. Er konnte in Experimenten zeigen, dass man durch gedankliche Anstrengungen sein Charisma trainieren kann. Für ihn ist die rechte Hirnhälfte dabei von zentraler Bedeutung, wie er mit EEGs, also mit Gehirnstrommessungen nachwies. Wo ein Wille ist, da ist dann auch ein Weg zu mehr Ausstrahlung. Seine Charakterisierung eines Charismatikers liest sich daher wie folgt (Infobox 5.7):

Will-Power

Eine charismatische Person ...
... muss an sich selbst glauben („ICH-WILL"-Motivation)
... muss sich selbst begeistern können
... kann Nutzen aus persönlichem „Größenwahn" ziehen
... ist eine betont rechtshirnige Persönlichkeit
... kommuniziert durch Bilder, Symbole, Metaphern und Vergleiche

Infobox 5.7: Charisma-Merkmale

83

… beherrscht die instinktive Suggestion (Überredungs-kunst)

… verfügt über schauspielerisches Talent

… zeigt Wohlstandssymbole (Bräune, Sportlichkeit, teure Kleidung, Schmuck, Sportwagen usw.)

Baumeister-Beispiel

Interessant ist der Hinweis auf den persönlichen Größenwahn. Genie und Wahnsinn liegen ja bekanntlich dicht beieinander. Menschen mit Ausstrahlung glauben an sich, so sehr, dass sie sich auch manchmal überschätzen. Aber wen stört es? Besser einer, der sich viel vornimmt, als einer, der immer zu viel unterlässt. Warum schließlich ist Bob der Baumeister so beliebt bei den Kids? Weil sein pädagogisch korrektes Motto stets lautet: „Wir schaffen das!" Und warum ist Obama Präsident geworden? Weil der Glaube an sich selbst mitunter auch Berge versetzen kann. Das glauben Sie nicht? „Yes, we can."

Sie können es auch, Sie müssen nur wollen. Setzen Sie sich Ziele und arbeiten Sie daran. Dann klappt's auch mit dem Charisma.

Begeisterung

Von emotionaler Power oder Selbstbegeisterung ist bei vielen Menschen leider nichts zu spüren. So sagen acht von zehn Befragten, dass sie selbst kaum begeisterungsfähig sind (Burda-Studie, 2006). Aber wer ist schon an wandelnden „Schlaftabletten" interessiert? Wer will andere anfeuern, wenn selbst kein Feuer in ihm brennt? Wie soll man mit solchen Menschen Dinge verändern und bewegen?

Es ist eine zentrale Erkenntnis der modernen Hirnforschung, dass ohne Emotionen nichts läuft beim Menschen. Gefühle sind der zentrale Antrieb unseres Verhaltens. Wir werden von fremden Stimmungen angesteckt und empfinden das als bedeutsam, was uns emotional berührt. Das limbische Gefühlssystem in unserem Gehirn hat uns im Griff, ob wir dies wollen oder nicht.

Aus der Werbeforschung ist die so genannte Schwerin-Kurve bekannt (Infobox 5.8). Sie illustriert, frei übersetzt, den Zusammenhang zwischen Emotion und Erinnerungswirkung. Information ohne Emotion merkt sich kein Mensch. Schreckensmeldungen hört man zwar nicht gerne, aber sie bleiben wenigstens hängen. Am besten aber sind positive Emotionen. An die daran gekoppelten Botschaften denkt man dann gerne zurück.

Werbeforschung

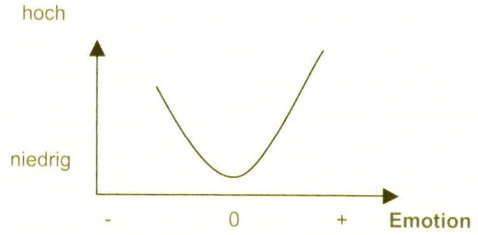

*Infobox 5.8:
Powered by
Emotion*

Merke: Ohne positive Grundstimmung gibt es auch keine positive Ausstrahlung. Wir regieren schließlich alle auf Gefühle. Tue daher Gutes – und rede auch gut darüber.

Wenn denn die psychologische Bedeutung von Emotionen so groß ist, dann sollten wir diese Einsicht auch produktiv nutzen. Eindruck macht nur der, der die Sinne seines Gegenübers anspricht, Fantasien weckt und Gefühle überträgt. „Nicht Fisch, nicht Fleisch", sagt man, wenn uns jemand so gar nichts sagt mit seiner Persönlichkeit. Zur Stimmungskanone muss man deshalb nicht gleich werden, um attraktiver zu wirken. Aber ein bisschen Lebendigkeit in Sprache, Auftritt und Gestik hat sicherlich noch keinem geschadet, ganz im Gegenteil.

Sinne ansprechen

Menschen, die uns beeindrucken, machen uns mitunter richtig süchtig. Sie lösen einen Adrenalinkick in uns aus, der immer wieder nach Wiederholung ruft. Die Gänsehaut, die man dann bekommt, wenn unser Lieblingsstar

Adrenalinstoß

beim Live-Popkonzert die Bühne betritt, ist ein Beispiel für den Gefühlskick. Davon lebt schließlich die ganze Eventindustrie, die solche Veranstaltungen organisiert und emotional inszeniert. Und schließlich gibt es Fans, die nicht mehr ohne dieses Gefühl leben können, die ihren Idolen von Event zu Event folgen, nur um ihnen nahe zu sein. Menschen sind also durchaus begeisterungsfähig. Man muss ihnen nur das richtige Gefühl in der richtigen Dosis verabreichen.

Dominanz

Noch einmal zurück zu den Charisma-Merkmalen (Infobox 5.7). Dort war auch von Suggestion die Rede. Suggestiv sind Menschen, die eine Absicht auch ohne viele Worte durchsetzen können. Ein Blick genügt und alle wissen, was sie zu tun haben. Eine Geste reicht und alle folgen dem Befehl. Das ist wahre Dominanz, die keiner Worte bedarf.

Mentale Power

Mentale Power ist tatsächlich eine Kraft, die Macht verleiht über andere Menschen. Innere Stärke kann ebenso Einfluss verleihen wie körperliche Kraft. Wir sehen das einerseits bei Mahatma Ghandi, der die indischen Kolonialherren in die Knie zwang. Ghandis Macht liegt nicht in Gewalt begründet, sondern in Willensstärke, Friedfertigkeit und Selbstvertrauen. Ganz anders verhält es sich dagegen bei „Don Corleone", dem Film-Paten, der trotz seines hohen Alters noch die Mafia befehligen konnte. Ihm fehlte zuletzt zwar die körperliche Vitalität, nicht aber die ungebrochene Suggestivkraft und Altersautorität, um seine kriminellen Ziele durchzusetzen.

> *„Er sagte ihm, entweder kommt seine Unterschrift auf den Vertrag oder sein Gehirn."*
> (Der Pate)

Okay, der eine arbeitet mit innerer Überzeugungskraft und der andere mit Angst. Aber auch das Furchteinflößen ist eine Suggestivkraft, wenn auch keine schöne.

6. Wording Force – Reden Sie Klartext!

„Ich werde immer sagen, was ich denke.
Wer die Wahrheit nicht verträgt,
soll mir nicht meine Zeit stehlen."
(Bushido, Musiker)

Unter dem Titel „Schaubühne für die Einflussreichen und Meinungsmacher" stellte Lobby Control eine Studie vor, in der die Gästeliste der Talkshow von Sabine Christansen in den Jahren 2005 bis 2006 untersucht wurde (Infobox 6.1). Zum einen handelt es sich im Ergebnis um die übliche Polit-Prominenz, zum anderen aber auch um Personen, die besonders gut „Klartext" reden können.

(Auftritte) Name:	Funktion:
(6) Clement, Wolfgang	Ehem. Wirtschaftsminister, SPD
(6) Lafontaine, Oskar	Fraktionschef Die Linke
(6) Wulff, Christian	Stellvertretender CDU-Vorsitzender
(5) Gerhardt, Wolfgang	Ex-Fraktionsvorsitzender, FDP
(5) Schäuble, Wolfgang	Bundesinnenminister, CDU
(5) Wowereit, Klaus	Reg. Bürgermeister Berlin, SPD
(4) Beck, Kurt	Min.präs. Rheinland-Pfalz, SPD
(4) Bosbach, Wolfgang	Stellv. Fraktionschef CDU/CSU
(4) Gabriel, Sigmar	Ehem. Min.präs. Nieders., SPD
(4) Jörges, Hans-Ulrich	Stellv. Chefredakteur *stern*
(4) Niebel, Dirk	Generalsekretär, FDP
(4) Rüttgers, Jürgen	Stellv. CDU-Chef; Min.präs. NRW
(4) Trittin, Jürgen	Ehem. Umweltminister, B'90/ Grüne
(4) Westerwelle, Guido	FDP-Vorsitzender

Infobox 6.1:
Politische Talk-
show-Prominenz

Mit Klartext ist natürlich politischer Klartext gemeint. Also die Kunst der prägnanten Vernebelung. Sie sagt wenig aus, hört sich aber vielversprechend an. Auch das ist eine Kunst, die man erst mal beherrschen muss, so wie Loriot in seinem berühmten Sketch als Bundestagsabgeordneter (Infobox 6.2).

Infobox 6.2: *Politikerdeutsch*	„Meine Damen und Herren! Politik bedeutet, und davon sollte man ausgehen, das ist doch – ohne darum herumzureden – in Anbetracht der Situation, in der wir uns befinden. Ich kann meinen politischen Standpunkt in wenige Worte zusammenfassen: Erstens das Selbstverständnis unter der Voraussetzung, zweitens, und das ist es, was wir unseren Wählern schuldig sind, drittens die konzentrierte Beinhaltung als Kernstück eines zukunftsweisenden Parteiprogramms." (Quelle: Loriot, 1988).

Rednerpreis

Wer macht sich um die Redekunst besonders verdient? Eine Antwort liefert vielleicht der Cicero-Rednerpreis, der von einem Wirtschaftsverlag gestiftet wird. Eine Auswahl der Preisträger liest sich durchaus interessant (Infobox 6.3), weil vielfältig.

Infobox 6.3: *Redende* *Preisträger*	2008 Professor Dr. Peter Sloterdijk, Philosoph 2007 Thomas Gottschalk, TV-Moderator 2005 Wolfgang Grupp, TRIGEMA-Chef 1996 Professor Dr. Marcel Reich-Ranicki, Literaturkritiker

Mediale Bühnen

Bemerkenswert ist hier wohl einzig die Begründung des Verlages zur Preisverleihung an Thomas Gottschalk: „Der rhetorische Ethos, Wohlwollen, Freundlichkeit und Geneigtheit zu erzeugen, gilt in der heutigen Gesellschaft mit ihren vielen unterschiedlichen medialen Bühnen mehr denn je. Es geht um das Bewegen der Gemüter, das Vermitteln von Substanz. Und dies in einer Art und Weise, die überzeugt und erfreut. Freude in einer Welt, die nicht immer freudvoll ist. Und wer macht dies gekonnter als Gottschalk?" Es darf wohl vermutet und gehofft werden, dass diese Frage rein rhetorisch gemeint war.

Wolfgang Grupp dagegen gilt als bodenständiger deutscher Vorzeigeunternehmer mit sozialem Gewissen. Markige Worte prägen seine Botschaften, etwa die von der Managerhaftung für den persönlichen Größenwahn. So etwas kommt gut an bei Menschen und Medien.

Markige Worte

Prägnante Worte sind klare Worte. Sie vermitteln Orientierung zwischen Gut und Böse, zwischen Schwarz und Weiß. Sie kategorisieren und polarisieren zugleich, aber man weiß immer, woran man ist. Und das ist schon die halbe Miete im erfolgreichen Power-Talk.

Power-Talk

Streichen Sie schwammige Floskeln („Ich würde meinen wollen ..." usw.) rasch aus Ihrem Wortschatz. Sagen Sie stattdessen klar und deutlich, was Sie denken. So verleihen Sie Ihren Worten Nachdruck.

Hohe Prägnanz:	niedrige Prägnanz:
• absolut	• besonders
• gänzlich	• ein bisschen
• ganz und gar	• einigermaßen
• grundlegend	• höchst
• grundsätzlich	• kaum
• von Grund auf	• mehr oder minder
• in vollem Maße	• relativ
• prinzipiell	• sehr
• restlos	• vorwiegend
• total	
	(nach: Eibl-Eibesfeldt)

Infobox 6.4:
Prägnanz

Eine Studie der Gesellschaft für deutsche Sprache zeigt (Infobox 6.5), dass manche prägnanten Wörter durchaus zwiespältige Wirkung haben können. Das Wort „geil" ist

Böse Worte

89

wohl erst durch den Werbeslogan „Geiz ist geil" in den allgemeinen Sprachgebrauch eingegangen. Die damalige Aufmerksamkeitswirkung war durch den sprachlichen Tabubruch hoch. Gut finden muss man den Ausdruck deswegen aber noch lange nicht, selbst wenn er einem vielleicht sogar selbst einmal herausrutscht.

Tabuworte sollte meiden, wer sich nicht ins Abseits stellen möchte. Selbst die Anrede „Fräulein" gilt heute schon als politisch unkorrekt und verpönte Provokation. Sprechen Sie daher so, wie Sie sich wünschen, dass auch zu Ihnen gesprochen wird.

Infobox 6.5: Abstoßende Wörter

• Krüppel	• Ficken
• Schwuchtel	• Titten
• Nutte	• Schlampe
• Neger	• Arschloch
• geil	• Scheiße
• Zigeuner	•s chwul
• Idiot	• Fräulein

(Quelle: Gesellschaft für deutsche Sprache/IfD, 2008)

Viel Feind, viel Ehr?

Schaut man sich Songtexte von Bushido, Sido & Co. an, so scheint auch der Erfolg dieser Musiker auf dem kalkulierten Tabubruch zu basieren. Sido, der einerseits seine Mutti sehr mag („Mama ist stolz"), mag andererseits aber nicht auf übelste „Gossensprache" in seinen Songtexten verzichten. Dafür liebt ihn seine jugendliche Zielgruppe und dafür jagt ihn der Jugendschutz. Auch das macht Eindruck, frei nach dem Motto: Viel Feind, viel Ehr. Musik-Manager wissen das nur zu gut.

Verkommene Sprache

Ja, so nachlässig und krass spricht die Jugend von heute. Früher hätte es sowas nicht gegeben, oder? 65 Prozent aller Deutschen glauben vor diesem Hintergrund, so eine Studie der Gesellschaft für deutsche Sprache, dass die Ausdrucksfähigkeit auch durch SMS, Chats & Co. immer mehr verkommt. Virtuelle Kommunikation liegt bei Jugendlichen voll im Trend (Infobox 6.6).

Alter:	Alle	14-19	20-29	30-44	45-59	>60
Persönliches Gespräch	63	36	51	65	70	69
Telefon	31	52	35	32	27	25
E-Mail	17	47	28	23	13	3
Brief	15	67	33	14	7	2
Internet-Chat	15	52	32	16	8	2
SMS	14	11	11	10	13	20
(Quelle: IfD, Allensbach, 3/2009, Angaben in Prozent)						

Infobox 6.6:
Beliebteste
Kommunikations-
formen

Besonders bei der älteren Generation kommt also an, wer sich um sprachliche Qualität bemüht. Und die Älteren werden demografisch gesehen ja immer mehr. Warum sich also nicht sprachlich einfach nach der Mehrheit richten? Dann ist man auf der sicheren Seite.

Aber worüber reden die Leute eigentlich, wenn sie sich unterhalten? Beobachtungen zeigen, dass „Nahthemen" bevorzugt werden. Die große Weltpolitik steht nur selten auf der Agenda, zum Beispiel dann, wenn Wahlen anstehen. Themen wie die Präsidentschaft Barack Obamas oder wie die Wirtschafskrise sind insofern untypisch für unsere Alltagsgespräche (Infobox 6.7). Üblicherweise dominiert das Triviale: der Urlaub, das Wetter oder wie Schalke gespielt hat. Die Kunst des Smalltalks setzt also zumindest rudimentäre Fußballkenntnisse voraus – leider. Aber anders sind die Menschen offenbar nicht zu erreichen.

Triviale Themen

Zurück zum Sprechen: Einer der besten Redner war wohl Richard von Weizsäcker, der frühere Bundespräsident. Sein Ausdruck war geschliffen, fehlerfrei und geradezu druckreif. Solchen Menschen hört man gerne zu – auch oder gerade, weil sie nicht nur über das Wetter reden. Fallen Ihnen andere Beispiele ein? Dann lernen Sie einfach von ihnen.

Geschliffene
Sprache

Infobox 6.7:	Präsident Barack Obama	82 %
Worüber	Aktuelle Wirtschaftskrise	79 %
Menschen	Wetter	71 %
gerne reden	Abwrackprämie	67 %
	Lotto Jackpot	57 %
	Wieweit Arbeitsplätze heute noch sicher sind	56 %
	Papst	51 %
	Urlaubspläne	48 %
	Konjunkturpaket der Bundesregierung	48 %
	Wieweit Geld heute noch sicher ist	46 %
	Fernsehsendungen	44 %
	Angela Merkel	40 %
	Bespitzelungsaffäre bei Bahn und Telekom	39 %
	Nahost-Konflikt	39 %
	Fußball	39 %
	Stars, Prominente	36 %
	Sportarten wie Handball, Biathlon usw.	32 %
	Geplante Guantanamo-Camp-Schließung	29 %
	Fernsehshow „Dschungelcamp"	28 %
	Dieter Bohlen	21 %
	Frank-Walter Steinmeier	14 %
	(Quelle: IfD, Allensbach, 3/2009)	

Akzeptierte
Dialekte

Andererseits hören und sehen viele Menschen auch Stefan Raab gerne, der ja sprachlich zumindest das genaue Gegenteil verkörpert. Sprachlich flüssig ist da nichts, dafür aber viel Kreatives, was das genügsame Publikum sichtlich vergnügt. Überhaupt scheint die Botschaft wichtiger zu sein als die Verpackung, wie die Akzeptanz von Dialekten zeigt (Infobox 6.8).

Die Rangliste der beliebtesten Dialekte wird auch von Instituten wie Emnid oder Allensbach durchweg bestätigt. Interessant erscheint noch, dass Wienerisch und Schwäbisch besonders auf Frauen einen positiven Eindruck macht.

1. Bayrisch	42 %	*Infobox 6.8:*
2. Wienerisch	28 %	*Attraktivste*
3. Schwyzerdütsch	27 %	*Mundart*
4. Berlinerisch	23 %	
5. Kölsch	18 %	
6. Plattdeutsch	15 %	
7. Schwäbisch	15 %	
8. Badisch	12 %	
9. Hessisch	10 %	
10. Sächsisch	9 %	
	(Quelle: ElitePartner.de, 2/2009)	

Die Süddeutsche Zeitung (23.06.09) stellte unlängst ein rhetorisches Ranking vor, das angibt, wie gut Spitzenpolitiker mit ihren Wählern „anbandeln" können (Infobox 6.9).

1. Guido Westerwelle (FDP)	*Infobox 6.9:*
2. Renate Künast (Grüne)	*Rhetorisches*
3. Angela Merkel (CDU)	*Ranking*
4. Oskar Lafontaine (Linke)	
5. Frank-Walter Steinmeier (SPD)	

Bei der Analyse des stimmlichen Klangspektrums lag Westerwelle vorn, der offenbar das größte Sendungsbewusstsein ausstrahlt. Er hat eine helle, metallische Stimmfrequenz, die auf einen eher extrovertierten, etwas selbstverliebten Menschen schließen lässt, zitiert die Süddeutsche Zeitung den Gutachter der Studie. Angela Merkels Stimme weist danach auf einen eher introvertierten Charakter hin. Steinmeier schließlich hat – so die Studie – zwar eine volle und wohlklingende Stimme, die jedoch im Widerspruch zu seiner „Rednerstimme" steht: Auf der offensichtlich ungeliebten Bühne wird seine Stimme schnell heiser und seine Körpersprache hölzern, monoton und verspannt.

Gut bei Stimme

93

Halbwissen hilft Übrigens: Wer wenig weiß, aber eloquent, also sprach-
gewandt auftritt, wird für genauso kompetent gehalten wie
der, der wesentlich mehr weiß, aber kein Selbstbewusstsein
hat. Das ergab zumindest eine Untersuchung der Hamburg Media School. Eloquentes Auftreten ist damit also
eine gute Sache, um Eindruck zu machen – ein gesundes
„Halbwissen" vorausgesetzt.

7. Word of Mouth –
Lassen Sie einfach andere
für sich sprechen!

„Die Eigeninszenierung in den Medien
erscheint mir als das
eigentliche Übel unserer Zeit."
(Friedrich Nowottny, TV-Journalist)

Gut Ding will Weile haben, sagt man so schön. Das gilt auch für die Eindrucksbildung, denn aus pädagogischer Sicht lernen Menschen langsam und vergessen schnell. Sie kennen das Phänomen vermutlich noch vom Vokabellernen aus der eigenen Schulzeit.

Es hat also keinen Sinn, seine Bekanntheit auf Biegen und Brechen steigern zu wollen. Imagebildung ist ein Prozess von längerer Dauer. Aber ein steter Tropfen höhlt letztlich den härtesten Stein. Insofern ist man gut beraten, dosiert und regelmäßig seine Botschaft oder Existenz unters Volk zu streuen. Auch in der TV-Werbung gilt bekanntlich, dass mehrmals ein kurzer Spot besser ist als der längere, dafür seltenere Fernsehauftritt. Das sieht man zum Beispiel bei Trigema, dem Unternehmen, das häufig kurz vor den 20-Uhr-Nachrichten „mit dem Affen" wirbt. Mancher Werbeexperte meint zwar, das sähe billig und seltsam aus, viele Zuschauer aber kennen seither die T-Shirts, das Logo und den Inhaber der Firma. Und darauf kommt es schließlich an. Hier zählt im Ergebnis die reine Penetranz.

Imagebildung
braucht Zeit

Und wenn viele über jemanden reden, egal ob gut oder schlecht, dann ist das auch eine Form von Werbung. Hauptsache, man bleibt im Gespräch – und das mit möglichst vielen. Aus diesem Grunde ist das Internet auch eine nützliche Sache. Man kann dort Netzwerke nutzen, die es im realen Leben in diesem Ausmaß selten gibt. Die

Schwarm-
intelligenz?

Weisheit der Vielen, wie ein gleichnamiges Buch es nennt, macht vielen eben weis, dass man etwas zu sagen hätte. Menschen sind wie ein Schwarm, sie folgen immer der Hauptrichtung, und das lässt sich nutzen.

Meinungsmacher

Wer Teil eines Schwarms ist, kennt die Richtung. Und wer sich an die Spitze des Schwarmes setzt, der gibt die Richtung vor. Trendsetter und Meinungsmacher, das sind die modernen Schwarmführer, die Helden unserer flinken Mediengesellschaft.

➡ Suche den Schwarm und werde einer. Und wer selbst (noch) kein Trendsetter ist, der sollte wenigstens die Nähe zu Meinungsführern suchen. Wenn diese erst einmal auf jemanden aufmerksam werden, dann ist ganz schnell „the trend your friend".

„Schluffi
vom Dienst"

So ungefähr soll das übrigens auch bei „Elton" gelaufen sein, dem früheren Showpraktikanten bei „TV total": „Dank der Unterstützung von Stefan Raab hat er es als Schluffi, der versehentlich auf die andere Seite der Mattscheibe geraten ist, zu erstaunlichem Erfolg geschafft und Ausstrahlungslosigkeit zu einer Kunstform perfektioniert." (Niggemeier in: FAS v. 21.06.09, S. 30)

Infobox 7.1:
Crossmediale Ver-
netzung

Wie wird man im Internet berühmt?
Aufmerksamkeit ist die Voraussetzung für Prominenz im Internet, berichtet das populäre Wissenschaftsmagazin P.M (5/2009). „Es reicht heute nicht mehr, nur ein Video auf YouTube zu veröffentlichen. Das ist in einer übersättigten Gesellschaft nicht mehr aussagekräftig genug", erklärt der Sprecher der Agentur „Revolvermänner", die Menschen dabei hilft, ihre Reputation im Internet aufzubauen oder zu bewahren. Man müsse auch „für einen Background aus Bloggern und Twitterern sorgen, also für crossmediale Unterstützung". Darüber hinaus können Äußerlichkeiten eine Rolle spielen.

So trägt ein im Netz bekannter Blogger einen roten Iro-kesen-Haarschnitt. Dieser macht ihn unverwechselbar, im Café, auf Konferenzen, im Netz. „Die Frisur ist der perfekte Weg", sagt Blogger Lobo. Der zweitbeste Weg sei, „auch sinnvolle Dinge zu twittern. Und den richtigen Leuten zu folgen".

(Quelle: Presseportal.de)

Marketing-maschinerie

Die Wege, die im Impression Management beschritten werden müssen, werden immer verknüpfter. Schreibt ein Erfolgsautor zum Beispiel seinen neuen Roman, so reicht es heute nicht mehr, anschließend nur noch das Buch zu publizieren. Er muss vielmehr einen Gang durch alle Radio- und Fernsehstationen antreten, alle Zeitungsredaktionen der Republik besuchen und sich bei Literaturmessen aufs rote Sofa setzten. Er muss zudem aus seinem Buch vorlesen, Signierstunden anbieten und Photoshootings absolvieren. Begleitet wird das Ganze durch die übliche PR-Maschinerie bis hin zu Werbespots und neuerdings auch Filmtrailern im Internet. Von nichts kommt eben nichts. Auch keine Popularität in einer Medienwelt, die von Reizdarwinismus und Informationsüberlastung geprägt ist. Nur die Interessantesten oder Fleißigsten kommen eben noch durch. Und das sind nicht immer die literarisch besten.

Infobox 7.2: Virales Marketing

Um Aufmerksamkeit für das Buch „Die Wette" zu erzielen, bemühte der Mare Verlag das Instrument „Social Media Marketing" im Web 2.0 mit folgenden Maßnahmen:
• Auswahl von 40 Bloggern und Versand von Rezensionsexemplaren
• Aufbau einer eigenen Buch-Website
• Hochladen des Trailers bei YouTube
• Einrichten einer Facebook-Freunde-Seite
Mit dem Erfolg war man danach durchaus zufrieden, heißt es.

(Quelle: PR-Report 7/2009, S. 38)

Vitamin B Wie gelingt den Profis trotzdem, also ohne Fleiß, die Büh-
nenpräsenz? Politiker greifen hier gerne auf ihre Freunde
zurück, die ansonsten auch schon mal politische Gegner
sein können. Ihre Bücher stellt dann der eine für den anderen vor. Das ist schicker, als sich selbst in die Bütt zu stellen
und die Werbetrommel für sein Werk zu rühren.

„Gerd, Du warst ein großer Kanzler."
(Jean-Claude Juncker)

Eine Hand wäscht So stellte Jean-Claude Juncker, der luxemburgische Minis-
die andere terpräsident, seinerzeit die Memoiren von Ex-Kanzler
Gerhard Schröder vor. Frank-Walter Steinmeier wiede-
rum präsentierte die Biografie von Guido Westerwelle.
Olaf Scholz, ehemaliger SPD-Generalsekretär, pries das
Buch von Gregor Gysi. Und selbst Joschka Fischer, Grü-
ner Außenminister a. D., machte offiziell Werbung für das
Buch von Wolfgang Schäuble, dem CDU-Innenminister.

Ghostwriter Man kennt das ja schon von den Reden: Die werden häufig auch von anderen geschrieben, die Profis darin sind.
Gegen entsprechende Gebühr versteht sich. Und wer weiß,
vielleicht stammt auch manch schlaues Buch aus fremder
Feder. Dieter Bohlen hat sein Erstlingswerk ja ebenfalls
einer Journalistin diktiert, dies aber auch korrekt erwähnt.

Methode Auch wer ohne Stimme ist, darf singen. Entweder beim
Milli Vanilli Kneipen-Karaoke oder richtig in den Charts. Egal, ob man
Boney M. oder Milli Vanilli heißt. Solange das Aussehen
halbwegs stimmt, lässt sich mit Profi-Playback immer einiges richten.

Professionelle Oder beim Shoppingsender im Fernsehen: Da wird das
Prominente Produkt ja auch von anderen präsentiert, die es besser können. Oder von Prominenten, die dann ihren guten Namen
für die Sache geben. Solche Freunde kann man kaufen,
denn Testimonials verdienen schließlich ihr Geld damit.

Seit Jahren testet das „IMAS-Promi-Barometer" den Marktwert von Testimonials (Infobox 7.3). Untersucht wird dabei u. a., wie humorvoll, warmherzig, cool/lässig, modern, sanft/sensibel, stark/dynamisch, vertrauenswürdig, sexy, bieder/etwas altmodisch, langweilig, jugendlich, chic oder elegant eine Person wahrgenommen wird. Bei der Bekanntheit ist „Kaiser Franz" jedenfalls unschlagbar, wie einige Ergebnisse zeigen.

Bekanntheits-barometer

Prominenter: „sehr sympathisch?"		visuelle Bekanntheit
Dieter Bohlen	9 %	95 %
Stefan Raab	25 %	93 %
Franz Beckenbauer	28 %	97 %
Heidi Klum	39 %	72 %

*Infobox 7.3:
Sympathie und
Bekanntheit*

Sie fragen sich, was „die Heidi" hat, das Sie nicht haben? Nun, überlegen Sie selbst: vielleicht einen singenden Ehemann, vier Kinder, eine eigene Fernsehsendung, ein engagiertes Management im Hintergrund? Ach ja, und die natürliche Ausstrahlung eines fröhlich-unkomplizierten Mädchens aus der bergischen Provinz. „Ich weiß, dass ich sehr viel Erfolg hatte", sagt Heidi Klum selbst (S. 8): „Aber das war kein Zufall." Wer die Regeln des Image-Designs kennt und beachtet, kommt eben schneller zum Ziel.

Hart, härter, Heidi

Sie wollen zum Beispiel als Umwelt-, Natur- oder Tierschützer punkten? Dann sollten Sie sich besonders die Prominenten aus Infobox 7.4 zur Seite stellen, um Ihr Image aufzuwerten.

Umwelt-Image

1. Reinhold Messner	24 %
2. Günther Jauch	20 %
3. Thomas Gottschalk	14 %
4. Frank Elstner	12 %
5. Christiane Hörbiger	11 %
6. Jürgen Klinsmann	11 %

*Infobox 7.4:
Beliebte
Prominente*

7. Mario Adorf	10 %
8. Franz Beckenbauer	10 %
9. Veronica Ferres	10 %
10. Johannes B. Kerner	10 %

(Quelle: Imas-international.de, 2006)

 Wen kennen Sie, der berühmt oder berüchtigt ist? Vielleicht ist er bereit, Ihnen einen Freundschaftdienst zu erweisen. Ein Foto mit Handshake wertet Ihre Homepage auf. Eine Rezension bei Amazon.de für Ihr Buch macht sich auch nicht schlecht. Denken Sie nach, es wird sich bestimmt jemand finden – notfalls auch für ein paar Euro Cash auf die Hand.

Infobox 7.5: „Die Bahn macht mobil"

LobbyControl deckte auf, dass die Deutsche Bahn AG 2007 während der Auseinandersetzungen um die Bahnprivatisierung verdeckte PR-Aktivitäten durchführen ließ. Die Bahn hat bislang keine ausführliche Liste der einzelnen Aktivitäten im Rahmen des Auftrags vorgelegt. Allerdings bestätigt sie es schriftlich als zutreffend, dass es sich bei den PR-Maßnahmen um so genannte „no badge"-Aktivitäten handelte. No badge-Aktivitäten bezeichnen Öffentlichkeitsmaßnahmen wie Meinungsumfragen, Leserbriefe, Beiträge in Online-Foren, vorproduzierte Medienbeiträge und Blog-Beiträge, bei denen Urheber oder Auftraggeber nicht erkennbar sind.

(Quelle: LobbyControl.de)

Freunde im Verein

Nun gut, Sie haben keine wichtigen Freunde und wollen trotzdem keine Menschen bestechen? Dann bietet sich noch die Möglichkeit, rasch passende Freunde zu finden. Am besten geht das in einem Verein, in einem möglichst renommierten. Das kann der Karnevalsverein sein oder notfalls auch der Schützenverein. Dort findet man schnell Anschluss, und manch ein Kamerad mag dann nach ein paar Bier auch nicht mehr Nein sagen, wenn man ihn um ein nettes Wort in eigener Sache bittet.

Stärkeren Eindruck macht wahrscheinlich die Mitgliedschaft im Jacht- oder Segelclub. Auch dem Golf- und Tennis-Club wird gerne beigetreten, wenn es gilt, Kontakte zu knüpfen. Es versteht sich von selbst, dass der eigentliche Sport dabei völlig unerheblich ist.

Jacht-Club & Co.

> Bernard „Madoff hatte einen tadellosen Ruf. Er galt als der Beste.", sagt ein geprellter Anleger über den milliardenschweren Finanzbetrüger, der zu 150 Jahren Gefängnis verurteilt wurde. „Sein Renommee konstruierte der Schwindler mit meisterhaftem Geschick. Er nahm nicht jeden in seine Fonds auf. Seine Anleger waren ein exklusiver Kreis, was den Wunsch der anderen, hineinzugelangen, noch verstärkte."
> (Quelle: Süddeutsche Zeitung v. 29.06.09)

Infobox 7.6:
Exklusiver
Neidfaktor

Und besonders fein wirken Wirtschafts- und Industrie-Clubs oder die Gruppen von Rotary & Co. Auch eine Parteimitgliedschaft kann natürlich helfen. Früh übt sich, wer bereits beizeiten in Studentenverbindungen eintritt. Das sind Bünde fürs Leben, aus denen man nicht mehr so schnell rauskommt. Sie alle erfüllen den gleichen Zweck: Menschen treffen, die über einen reden – möglichst positiv versteht sich.

Solide Seilschaften

„Exclusively For The Filthy Rich
And Aesthetically Perfect."
(Motto des Plastik Beach Club, Dubai)

Eine letzte Variante sei noch erwähnt, die etwas mehr Einsatz erfordert. Heiraten Sie einfach einen netten Menschen, der alles das hat, was Ihnen fehlt. Auf diese Weise stehen Sie zwar stets im Licht Ihres Partners, aber etwas Glanz wird auch auf Sie fallen. Psychologen sprechen hier von Irradiation, das heißt von einer Wirkung, die auf die Umgebung abstrahlt. So wie ein positives Image. Wobei solch ein gelungener Imagetransfer natürlich die hohe Schule der Eindrucksbildung ist.

Hypergamie –
Hochheiraten

Synergien nutzen　Wenn zwei sich gegenseitig transferieren, dann nennt man das eine synergetische Symbiose: Einer zehrt vom anderen und gemeinsam ist man trotzdem stark. So wie das englische Model Katie Price und der Sänger Peter Andre. Von der Dschungelcamp-Liebe über die Hochzeit bis hin zur Geburt der Kinder sowie der späteren Trennung – alles wurde mediengerecht vermarktet. Die englischen Fernsehquoten beflügeln ihre Promi-Karrieren bis heute. Nicht anders arrangierten es auch Sängerin Sarah Connor und Sänger Marc Terenzi im deutschen Fernsehen. Verliebt, verlobt, verheiratet – nur gemeinsam ist man letztlich quotenstark. Alle konnten es sehen.

Infobox 7.7:
Eindrücke
infizieren

Ein Psychologenteam um Arul Mushra von der Universität Utah haben hierzu ein interessantes Experiment durchgeführt. In einem Kaufhaus sortierten sie Ketchupflaschen entweder dicht oder mit großem Abstand voneinander in ein Verkaufsregal ein. Beim Hinweis an die Testkäufer, dass eine Flasche am Deckel undicht sei, griffen fast alle zum luftig gepackten Regal. Beim Hinweis, in einer Flasche befinde sich ein Geschenk-Gutschein, griffen die meisten dagegen zum eng bepackten Regal. Eigenschaften gelten offenbar als ansteckend, wie dieser Test sogar bei unbelebten Objekten eindrucksvoll zeigt.

Imagetransfer　Wir finden diesen Imagetransfer oft bei Politikern, Schauspielern und Wirtschaftsgrößen. Der französische Präsident wirkt erst mit der schönen Carla richtig präsidiabel, auch wenn sie ihm meist die Show stiehlt. Und auch Arnold Schwarzenegger wäre ohne seine Kennedy-Gattin wohl nie Gouverneur geworden.

„Steffi hat all das, was mir fehlte:
Loyalität, Professionalität, Disziplin –
und tolle Beine."
(Andre Agassi, OK-Magazin, 27/2009, S. 38)

Und was wäre George Bush ohne seine Außenministerin Condoleezza Rice gewesen? Die adrett-kultivierte Klavierspielerin hat in der Öffentlichkeit manches Fettnäpfchen verdeckt, in das ihr Chef gelegentlich stolperte. Oder Joschka Fischer und seine Frauen? Gesetztes Alter und füllige Formen werden durch jüngere Gattinnen vorteilhaft kaschiert. Auch der Sänger Johannes Heesters hielt sich jahrhundertelang an diese Regel.

Kaschierung

Denken Sie auch einmal an die typische Siegesshow beim Rad- und Motorsport. Der Gewinner kommt aufs Treppchen, umrahmt von den langbeinigen Nummern-Girls. Gemeinsam köpft man dann die Champagnerflasche und strahlt in die Kameras. So macht's auch „Mörtel", der bekannte Wiener Bauunternehmer Richard Lugner. Die Liste seiner Escort-Girls, die ihn zum jährlichen Opernball begleitet, ist gespickt mit Party-Prominenz – von Paris Hilton über Pamela Anderson bis hin zu Carmen Elektra. Eines können sie alle gut: nett in die Kamera lächeln.

Party-Profis

Nutzen auch Sie das Siegerritual und holen Sie sich einfach jemanden an Ihre Seite, mit dem Sie dann eine richtig gute Figur abgeben. Die besten Fotos stellen Sie dann natürlich für alle sichtbar ins Netz.

Wenn andere für einen Wort ergreifen, so ist das eigentliche eine gute Sache. Schließlich erhöht sich so die Reputation. Wenn dabei aber Dinge zur Sprache kommen, die unerwünscht sind, so kann der Ruf auch leiden. Das merkte wohl auch Boris Becker, was ihn darauf brachte, zum Sprecher in eigener Sache zu werden. Auf Boris-Becker.TV, seiner eigenen Videoplattform im Netz, läuft nun Becker live über den Ticker. Ungeschminkt, authentisch, unverfälscht und aus erster Hand, versteht sich. Wann geht Ihr Leben im Netz auf Sendung?

Netz-TV

8. Your Second Life – Gehen Sie erfolgreich online!

*„Sie wollen sich ein neues
digitales Ich schaffen?"*
(secondlife.com)

Das Internet ist nicht nur das größte Lexikon der Welt geworden, sondern auch zur Bühne der eigenen Persönlichkeit. Okay, ein Tummelplatz von Selbstdarstellern und Narzissten aller Couleur ist es natürlich auch. Aber das Positive daran ist, dass man mit anderen Menschen in Kontakt kommt, sich und seine Botschaften präsentieren und dadurch ein größtmögliches Publikum erreichen kann. Massenkommunikation pur also – einfach per persönlicher Webpage.

Bunte Vögel

Die Chancen, sich hervorzutun, sind hier noch riesig. Monatlich generieren Social Networks bereits 33,1 Milliarden Seitenaufrufe – also ein Viertel aller Seitenaufrufe im Netz überhaupt (Quelle: webmarkets-today.de). Zumindest in Deutschland sind viele Menschen zwar Teil von Web-Communities, aber eine eigene Homepage haben sie nicht. Das Allensbacher Institut erfasste 2008 einmal den Aufwand für die eigene Seite im Netz (Infobox 8.1).

Die Masse macht's

• Noch nie gemacht	82 %
• Ganz selten	7 %
• Ab und zu	5 %
• Häufig, regelmäßig	6 %

*Infobox 8.1:
Beschäftigung
mit eigener
Homepage*

Was Blogs betrifft, also eigene Tagebücher im Netz, so sind es höchstens acht Prozent aller Deutschen, die so etwas überhaupt machen. Ganz ähnlich sieht es für MySpace & Co. aus, so Allensbach. Die übrigen 92 Prozent wissen vielleicht nicht einmal, was das so genau ist. Aber das ist jetzt natürlich nur eine Unterstellung.

Netz mit Niveau

Tatsächlich gehen dann aber doch schon recht viele Leute ins Netz, um sich von anderen inspirieren zu lassen. Die Financial Times Deutschland berichtete am 12.06.09, dass die deutschen Besucherzahlen sozialer Netzwerke mittlerweile ein bemerkenswert hohes Niveau erreicht haben sollen (Infobox 8.2).

Infobox 8.2:
Besucher sozialer
Online-Netzwerke

• StudiVZ	15 Mio.
• Wer-kennt-wen	6 Mio.
• MySpace	5 Mio.
• Facebook	4 Mio.
• Stayfriends	3 Mio.

Net-Junkies

Auch der Chef von StudiVZ, Berger-de León, berichtete der FAZ (19.06.09), dass die Aktivitätsrate der User bereits bei 80 Prozent in allen drei Netzwerken (StudiVZ, MeinVZ, SchülerVZ) liege: „80 Prozent kommen mindestens einmal im Monat auf die Seite. An einem Tag schauen 45 bis 50 Prozent der Nutzer vorbei." Ohne soziale Netzkontakte läuft heute also kaum noch etwas.

Mitteilungs-
bedürfnis

Auf die Frage, was man schon einmal an persönlichen Daten im Netz veröffentlicht habe (Infobox 8.3), gab es dann wieder ein umfassenderes Bild. Das eigene Foto ist für ein Drittel der Befragten immerhin bedeutsam genug, um es der vernetzten Weltöffentlichkeit zu präsentieren. Hoffentlich sehen das die Betrachter ebenso.

Im Übrigen stellte das Statistische Bundesamt (destatis.de) noch 2008 fest, dass 40 Prozent der Unternehmen keinen eigenen Webauftritt besitzt – ein überaus schlechter Eindruck, den deutsche Betriebe hier vermitteln.

Infobox 8.3:
Was haben Sie von
sich schon einmal
ins Netz gestellt?

• E-Mail-Adresse	58 %
• Name	57 %
• Geburtsdatum	52 %
• Fotos von sich selbst	40 %

* Vorlieben und Hobbys   38 %
* Adresse   29 %
                         (Quelle: TNS Infratest, 2008)

Der eigene Auftritt im Netz ist heute ein soziales Muss. Aber denken Sie daran, Ihre Seite professionell zu gestalten. Und überlegen Sie genau, was Sie wirklich über sich verraten wollen und was Sie besser für sich behalten.

Wer dagegen eine persönliche Seite im Netz betreibt, der sollte darauf achten, was den Besuchern wichtig ist (Info-box 8.4). Optisch veraltete Seiten machen einen ebenso schlechten Eindruck wie die Seite, die inhaltlich nicht up to date ist. Ohne Bilder vergrault man seine Gäste, nur Text ist ein „no go". Und wer Eindruck machen will, der sollte auch bereit sein, sich Feedback anzuhören. Der gegenseitige Austausch verbessert das Wissen über die Zielgruppe und erlaubt, den eigenen Auftritt noch gezielter auf ihre Vorstellungen abzustimmen.

Besucher-
orientierung

Spielt es hier eigentlich eine Rolle, wie extrovertiert man ist? Nein, für den Erfolg im Internet scheint dies wenig bedeutsam zu sein, so zumindest die Einschätzung von Winter, der eine Studie hierzu durchgeführt hat. Wichtiger ist offenbar die Fähigkeit, sich vor anderen Menschen gut präsentieren zu können und dabei einen guten Eindruck zu hinterlassen. Psychologe Winter (Westdeutsche Zeitung v. 21.11.08) spricht hier vom Gefühl für die eigene „Selbstwirksamkeit", das im realen wie im virtuellen Leben eine Rolle spielt: „Wer sich im Alltag für einen guten ‚Selbstdarsteller' hält, hat auch im StudiVZ mehr Freunde, schreibt einen lockereren und längeren Steckbrief-Text und zeigt ungewöhnlichere Profilbilder. Nutzer mit einem geringen Selbstwirksamkeitsgefühl geben dagegen nur die nötigsten Informationen preis und zeigen meist ein Standard-Pass-foto als Profilbild. ... Wer im Alltag unsicher ist, dem fehlt also offenbar auch online der Mut zu neuen Kontakten."

Extrovertierte
Selbstdarsteller?

Infobox 8.4:
Was macht Ein-
druck?

Persönliche Website:
• Kreative Seitengestaltung
• Innovationsgrad
• Grafische Benutzeroberfläche
• Einsatz von Bildern
• Möglichkeit zum Feedback
• Professionalität
• Information zur Person
• Textinformation
• Besucheransprache
• Hintergrundinformationen

(Quelle: Pachsrassis)

Schnelles Bild

Das klingt ernüchternd – ist aber auch ein Hinweis darauf, dass die Steckbriefe im Online-Poesiealbum durchaus etwas über die Personen, die dahinterstecken, verraten, meint Winter. Forschungsergebnisse von Samuel Gosling passen dazu. Der Psychologe testete die Wahrnehmung von Online-Steckbriefen, wobei die Teilnehmer seiner Studie ihnen unbekannte Personen anhand ihrer Facebook-Profile einschätzen sollten. Auch enge Freunde dieser Personen wurden gebeten, die Charaktermerkmale einzuschätzen. Dabei kam heraus, dass diese Einschätzungen häufig sehr ähnlich waren. Wer sich einen Online-Steckbrief anschaut, bekommt also vielfach ein relativ genaues Bild der Person.

Infobox 8.5:
Private Profile

Der durchschnittliche StudiVZ-Nutzer hat 92 virtuelle Freunde und ist Mitglied in 28 Diskussionsgruppen. Viele Nutzer geben sich in ihren Profilen zudem sehr offenherzig. Ihren „Beziehungsstatus" (solo, „Romanze", vergeben oder verheiratet) geben 62 Prozent an und 33 Prozent geben auch ihre politische Gesinnung preis, so das Ergebnis der oben beschriebenen Studie von Winter.

Mobile Medien

Netzwerkkommunikation mit Instant-Messenger-Systemen ersetzt zunehmend schon den Gebrauch von „alten"

Medien wie SMS oder E-Mails (Infobox 6.6). Richtig geschrieben wird kaum noch, eher noch wird mobil telefoniert. Insofern gehört die Zukunft den flinken und mobilen Medien, die man folglich auch für die Zwecke des Impression Management nutzen sollte.

„Das Telefon ist ...
ein wahres Teufelszeug."
(Gert Postel)

Für den Hochstapler Postel waren E-Mails und SMS noch Zukunftsmusik. Er bediente sich in der Vor-Internet-Ära allein des Telefons als Mittel zur Selbstdarstellung. Aber auch dieses Kommunikationsmittel war für einen Sprachkünstler wie Postel offenbar gut geeignet, virtuelle Welten zu erschaffen, wie er selbst schreibt.

Trügerisches Telefon

Allein das Telefon „ermöglicht einem Betrüger, unter Aufwendung weniger Groschen eine soziale Situation auf Distanz zu inszenieren, für die in früheren Zeiten eben nicht nur eine Stimme, sondern im direkten Kontakt mit dem Betrugsopfer eine elegante Kutsche, livrierte Diener und feine Kleider vonnöten waren. Heute brauche ich, um einen Universitätsprofessor mit angeschlossener Klinik darzustellen, nur noch ein Telefon und etwas soziale Intelligenz, also ein Gespür dafür, wie jemand in der Position, die er vorgibt, sprechen würde. Dabei müssen falsche Töne unbedingt vermieden, das Sachgebiet des Gesprächsthemas muss allgemein beherrscht werden (Halbbildung reicht aus), Der Gesprächsfluss muss ähnlich wie in der Gesprächstherapie durch affirmative, aber inhaltsleere Wiederholungen am Laufen gehalten werden." (Postel, S. 28)

Anleitung zur Manipulation

Immerhin 83 Prozent aller Deutschen sagen von sich, dass sie diese soziale Intelligenz, das heißt die Empathiefähigkeit, nicht besitzen, so eine Burda-Studie aus dem

Empathie

Jahr 2006. Wer also Einfühlungsvermögen mitbringt, der macht im Umgang mit anderen eindeutig den besseren Eindruck.

Billigheimer Das gilt auch für den Auftritt im Netz. Wer schrill und bunt daherkommt, darf sich nicht wundern, für einen bunten Hund gehalten zu werden. Und wer sich hinter kostenlosen E-Mail-Adressen versteckt, sollte nicht überrascht sein, für einen unprofessionellen Knauserer gehalten zu werden. Das wirkt ungefähr so wie die selbstgebastelte und per Tintenstrahler selbst ausgedruckte Visitenkarte, nämlich ziemlich peinlich – sofern man älter als dreizehn Jahre ist.

Die eigene E-Mail-Adresse mit eigener Website gibt es bereits für kleines Geld bei vielen Providern zu kaufen. Wer hier nicht zugreift, ist selber schuld, wenn das eigene Image dümpelt.

„der_macher@alleskoenner.de"

No-Names Wenn schon E-Mail, dann aber mit der richtigen Adresse. Die Wahl des eigenen Namens ist ja relativ frei, aber imagetechnisch gesehen gehören manche Namen wohl eher verboten. „Knubbelchen56" oder „Baerchen" wecken zwar Assoziationen, möglicherweise jedoch die falschen. Da kommen das „Cabriogirl" oder der „Checker" schon etwas besser, wenn auch nicht unbedingt seriös daher.

Infobox 8.5:
Was die E-Mail-
Adresse verrät

Wissenschaftler an der Uni Leipzig (Back et al.) legten Teilnehmern einer Studie 600 private E-Mail-Adressen vor und baten um eine Einschätzung der Persönlichkeit. Im Ergebnis wurden die Besitzer einer Adresse, die mit .de endet, gewissenhafter eingeschätzt als solche mit einer .com-Endung. Witzige, kreative oder fantasievolle Namen deuteten auf extrovertierte und geistreiche Personen hin. Namensbestandteile wie

„maeuschen" wirkten eher süß und niedlich, das heißt, sie machen einen sozialverträglichen Eindruck. Als Narzisst gilt dagegen, wer angeberische oder anzügliche Namen verwendet.

Wenn man nichts über einen Menschen weiß außer seine E-Mail-Adresse, dann kommt auch hier wieder der Halo-Effekt zum Tragen. Wir deuten und interpretieren die E-Mail-Adresse als textlichen Schlüsselreiz und bilden uns eine innere Vorstellung von der betreffenden Person. Das erinnert an projektive Prüfverfahren, ähnlich dem Klecksbild eines Rorschachtests. Anders als beim Klecksbild, ist die E-Mail-Adresse jedoch selten zufällig gewählt und hat mithin durchaus inhaltliches Eindruckspotenzial. Das sollten Sie konstruktiv nutzen.

Eindrucks-potenzial

Bereits der Verhaltensforscher Konrad Lorenz beschrieb die Neigung des Menschen zur so genannten Attrappensichtigkeit. Das heißt, wir machen uns immer innere Bilder, auch wenn Informationen fehlen oder unvollständig sind. Wir kennen das Phänomen, wenn wir eine Wolke am Himmel betrachten und plötzlich ein Gesicht oder Ähnliches darin zu erkennen glauben. Der große Vorteil im Web ist jedoch, dass wir uns das gewünschte Gesicht selbst geben können und die Eindrucksbildung nicht dem Zufall überlassen müssen.

Fantasiebilder

Wählen Sie Ihre E-Mail-Adresse also mit Bedacht. Günstig ist es ohnehin, über mehrere Adressen zu verfügen: Zum Beispiel eine seriös klingende für geschäftliche Zwecke, eine private, die ruhig auch lustig klingen darf und eine Tarn-Adresse, mit der Sie unerwünschte Werbung ausfiltern.

Im Web 2.0 wie im realen Leben gilt: Wir mögen Menschen, die uns ähnlen. Auch Gegensätze ziehen sich an, aber meist nur kurz. Gleich und gleich gesellt sich gern, diese Weisheit stimmt schon eher. Daher ist es wichtig,

Ähnlichkeit verbindet

Ähnlichkeiten zur gewünschten Zielgruppe irgendwie her- oder herauszustellen. Nicht nur Web-Communities basieren bekanntlich auf gemeinsamen Gruppenmerkmalen.

Präferenzen filtern

Partnerbörsen im Netz sind deshalb so erfolgreich, weil hier ein Abgleich von Ähnlichkeiten und Vorlieben möglich ist, der im realen Leben selten funktioniert. Das Internet selektiert bereits vor, sodass Streuverluste minimiert und die Ansprache der Zielgruppe optimiert werden.

Eskapismus

Aber auch wer uns nicht ähnlich ist, wird mitunter gemocht. Und zwar deshalb, weil wir uns wünschen, so zu sein wie der andere, den wir bewundern oder verehren. Psychologen sprechen hier von Eskapismus, also von einer Flucht aus der Realität hinein in eine andere Welt. Etwa in die Welt des Fernsehens oder auch in die Welt der Schönen und Reichen, des so genannten Jetsets – oder bei Second Life & Co.

Fremdschämen

Aber es geht noch anders. Im Fernsehen sieht man manchmal Menschen, für die manch einer sich „fremdschämen" würde. Auch diese soziale Abgrenzung hat ihren Reiz, weil man einerseits fasziniert hinschaut, wenn eine Doku-Soap im Fernsehen läuft, man andererseits aber froh ist, nicht selbst dazuzugehören.

Beliebt durch Gewöhnung

So entstehen allein durch Gewöhnung bereits Freundschaften. Die wohl am längsten laufende Doku-Soap war die WDR-Serie über „Die Fußbroichs". Die von 1979 bis 2001 in über 100 Folgen gezeigte Familie aus Köln wurde zu einer lokalen Institution mit Kultstatus und vielen Fans. Treue Anhänger, die sich unter anderen Umständen wohl eher nicht für den Alltag in schlichten Arbeiterhaushalten interessieren würden. Man sieht daran: die Macht der Medien ist erheblich und Sympathie entsteht schon durch Gewöhnung.

Was lernen wir daraus? Jeder hat eine Chance, der die Möglichkeiten der Medien zu nutzen weiß. Nicht nur soziale Netzwerke wie Facebook oder Xing sind gut geeignet für Marketing in eigener Sache, auch Portale wie You-Tube bieten Raum fürs Selbst-Design. Die Massen wollen bewegt werden. Und zwar mit bewegten Bildern von sich und über sich. Und bitte keine falsche Scham dabei, denn die ist im Web sowieso unbekannt.

Wenn schon Gülcan und Sebastian ihre Traumhochzeit auf Pro7 staffelweise vermarkten, dann kann das jeder auch im kleineren Rahmen per Clip im Netz. Sowieso löst der PC den Fernseher immer mehr ab. Warum es also nicht gleich selbst im Netz versuchen? Eine ordentliche Webcam oder ein modernes Camera-Handy reichen völlig aus.

Bewegte Bilder

Videoclips auf Handy geladen:
* Männliche Nutzer: 40 %
* Weibliche Nutzer: 32 %

Podcasts auf Handy geladen:
* Männliche Nutzer: 8 %
* Weibliche Nutzer: 2 %

(Quelle: TNS/Infratest, 2008)

Infobox 8.6: Mobile Internet-Nutzung

Und nicht zu vergessen, das Hörbuch. Oder besser gesagt: der Podcast. Mit guter Stimme und interessanter Botschaft ist auch dieses Medium gut geeignet, auf den unzähligen MP3-Playern der Welt gehört zu werden. Bei podster.de sind bereits über eine Million Hördateien abrufbar. Wann ist Ihre Stimme dabei?

Virtuell Gehör verschaffen

Stimmen machen Stimmung, sorgen also für Emotionen bei den Hörern. Wer sich artikulieren kann, eine Message hat und über eine angenehme Stimme verfügt, der vermag innere Bilder beim Zuhörer zu wecken, die mit dem äußeren Bild wenig zu tun haben müssen. Jürgen Domian ist

Stimmen machen Stimmung

zum Beispiel kein Foto-Model, dafür aber ein begnadeter Radiomoderator. Wer ihm im WDR lauscht, ist hin und weg. Auch noch um ein Uhr nachts.

Nackte Tatsachen So wie bei Domian in der Sendung ist es auch im Internet immer wichtig, was man von sich preisgibt. Bild- und Ton-Dateien können im Netz unsterblich werden. Die Auswahl der Themen und Inhalte und auch der Grad der Vertraulichkeit wollen daher gut überlegt sein. Ansonsten kann man sich alternativ auch gleich im Big-Brother-Container entblößen. Guido Westerwelle war ja auch schon drin. Wahlkampfzwecke heiligen eben jedes Mittel der Selbstdarstellung.

Exhibitionismus Ein bisschen Exhibitionismus gehört also dazu, wenn man den Weg in die Öffentlichkeit beschreiten will. Aber andererseits ist das Publikum ja auch nicht viel besser, denn dort sitzen schließlich die Millionen Voyeure, die nur darauf warten, bespaßt zu werden: Ihr Publikum.

Doch enttäuschen Sie Ihre Zielgruppe nicht – etwa durch zuwenig Ringe in Ohr und Nase oder durch zu viel Niveau. Infobox 8.7 erklärt, was geschmacklich geht.

Infobox 8.7:
Tattoos und
Nasenringe

Finden Sie Leute mit Nasen- und Augenbrauenpiercings geschmacklos?
• Ja, das trifft wohl zu   58 %
• Nein, finde ich eher nicht   42 %

Ist eine Tätowierung der schönste Schmuck?
• Ja, das trifft wohl zu   77 %
• Nein, finde ich eher nicht   23 %
(Quelle: Outfit 6, Spiegel Studie, 2007)

Bewerberprofil Jobbewerber sind dagegen gut beraten, ihre Nasenringe
als ideoclip   zeitweilig ab- und ihre Tattooverhüllungen anzulegen. Was im Vorstellungsgespräch nicht immer klappt, funktioniert

dank Make-up und Maske im persönlichen Videoprofil. Ein kurzer Videoclip, vom Bewerber bezahlt und vom Profi produziert, gibt dem Personalchef die Möglichkeit, sich einen schnellen Eindruck von der Persönlichkeit und natürlich auch dem Aussehen des Kandidaten zu verschaffen. Man kann ein solches Video Passwort-geschützt auf seine Homepage stellen oder auch als DVD verschicken. Vom öffentlichen Hochladen bei YouTube & Co. ist hier natürlich abzuraten, weil die Weltöffentlichkeit sonst teilhaben kann am Karriere-Outing. Andererseits, warum sollte man nicht? Datenschutz ist doch eh nur ein Thema für Leute, die etwas zu verbergen haben. Die Datenrealität im Internet illustriert Infobox 8.8.

• Ich nutze Social Networks vorwiegend privat	63 %
• Meine persönlichen Daten in Social Networks sind meist für alle frei zugänglich	21 %
• Die Angaben zu meiner Person entsprechen nicht immer der Wahrheit	14 %
(Quelle:fittkaumaass.de, 2009)	

Infobox 8.8:
Social Networks
aus Usersicht

Man sollte bedenken, dass 41 Prozent aller Chefs und Personalverantwortlichen bereits regelmäßig einen Blick auf die privaten Bewerber- und Mitarbeiterprofile im Netz werfen. Die berufliche Reputation wird dadurch also auch vom privaten Bild-, Text und Ton-Auftritt im Netz mitbestimmt.

Web-Voyeure

115

8. Visionary Impact – Stehen Sie zu Ihrer Botschaft!

> *„Ein Mann mit einer neuen Idee*
> *ist unausstehlich, bis er*
> *der Idee zum Erfolg verholfen hat."*
> (Mark Twain, Schriftsteller)

Es gibt Menschen, die leben in der Vergangenheit, und solche, die schauen nach vorne. Wer macht wohl den größeren Eindruck? Keine Frage, der Visionär besitzt eine größere Ausstrahlung als der ewig Gestrige. Wobei es natürlich nicht schadet, wenn man auch in der Vergangenheit etwas erlebt hat. Helmut Schmidt, unser früherer Bundeskanzler, ist so ein Beispiel, denn ihm gelingt es, aus der Vergangenheit Ratschläge für die politische Zukunft abzuleiten. Ein „elder Statesman" versteht eben bis heute sein Geschäft – das zu großen Teilen auch aus Impression Management besteht. Etwa eine wichtige Miene zum inszenierten Zug an der Zigarette.

Legen Sie sich doch ebenfalls sichtbare Gewohnheiten und Verhaltensrituale zu. Es muss ja nicht unbedingt Kettenrauchen oder der immerwährende Griff zur Schnupftabakdose sein. Das Marketing in eigener Sache lehrt: Menschen mit den Merkmalen einer Marke bringen ihre Botschaften leichter an den Mann.

Nur 39 Prozent aller Deutschen sagen von sich: „Ja, ich bin anderen mitunter einen Schritt voraus." Die Mehrheit läuft also eher hinterher, wie eine Burda Studie aus 2006 zeigt. Vorreiter gehen Risiken ein, sie tun den ersten Schritt – und können stolpern. Fallen sie aber nicht, so gebührt ihnen der Erfolg und unser Respekt. Immerhin: Für Meinungsführer halten sich laut einer Umfrage des Allensbacher Instituts für Demoskopie (IfD) aus dem Jahr 2009 stolze 26 Prozent aller Deutschen.

First Mover

Wachsames Adlerauge

Menschen sehnen sich nach Alpha-Tieren und wären auch gerne welche, wie eine andere Befragung (Infobox 9.1) zeigt. Das Interessante an der Frage, welches Tier man gerne wäre, ist die Konzeption als projektiver Test. Das gewählte Tier repräsentiert unbewusst die inneren Sehnsüchte eines Menschen, beim Adler also den Stolz, den festen Blick und die Schlagkraft dieses mächtigen Raubvogels. Nicht ohne Grund ist der Adler seit jeher ein gern gewähltes Wappentier. Die Ansprache animalischer Triebe, des Tierhaften im Menschen war immer schon ein beliebtes Instrument der Stimmungsmache.

Infobox 9.1: In welches Tier würden Sie sich gerne verwandeln?

• Adler	45%
• Delphin	42%
• Tiger	36%
• Katze	34%
• Löwe	32%
• Schwalbe	32%
• Panther	30%
• Pferd	30%
	(Quelle: IfD,1998)

 Wer sich also ein sympathisches Logo für seine Website basteln will, der ist mit der Verwendung von Adler und Delphin gut beraten. Flipper fand schon immer viele Freunde. Batman und Catwoman finden zumindest einige Bewunderer.

Do it yourself?

Vorsicht ist aber bei der Verwendung von selbstgebastelten Wappen auf Briefpapier und Visitenkarte angebracht. Jedermann kann sich heute schottische „Adelstitel" im Internet kaufen und das eigens angefertigte Wappen gleich dazu. Wer so etwas nutzt, handelt naiv – und zwar für jeden erkennbar. Anders ist es, wenn man auf eine echte Familientradition zurückgreifen kann.

„Die Sehnsucht nach Glamour
hat zugenommen."
(Silvana Koch-Mehrin, FDP)

Baron zu Guttenberg genießt hohes Ansehen in der Bevölkerung (Infobox 9.2), was nicht unbedingt seiner blau-
blütigen Herkunft geschuldet ist. Manchmal zählt auch
Kompetenz. Was aber die Kraft der Visionen angeht, ist
die Politikerbeurteilung schwieriger. Vorsicht gilt jedenfalls bei solchen Visionen, die sich später als Halluzination
erweisen: Steuersenkungen, Investition in Bildung, Bür-
gernähe …

Vision statt
Halluzination

• Horst Köhler	83 %
• Angela Merkel	73 %
• Ursula von der Leyen	64 %
• Peer Steinbrück	63 %
• Frank-Walter Steinmeier	63 %
• Karl-Theodor zu Guttenberg	60 %
• Wolfgang Schäuble	57 %
• Franz Müntefering	54 %
• Guido Westerwelle	54 %
• Klaus Wowereit	53 %
• Christian Wulff	51 %
• Horst Seehofer	49 %
• Renate Künast	46 %
• Jürgen Rüttgers	40 %
(Quelle: Spiegel/TNS Emnid, 05/2009)	

Infobox 9.2:
Beliebteste
Politiker

Die Zustimmung der Bevölkerung – so wie sie Infobox
9.2 zeigt – ist natürlich immer nur eine Momentauf-
nahme und unterliegt aktuellen Schwankungen. Ruhm
ist bekanntlich vergänglich. Aber denken Sie daran: Auch
Ihre Zeit wird kommen, sofern Sie nur beharrlich zu Ihrer
Botschaft stehen. Schon Cato der Ältere brachte mit ner-
vender Beharrlichkeit Karthago zu Fall, wie Asterix-Leser
natürlich wissen.

Ceterum censeo

➡ Zähigkeit, Hartnäckigkeit und Ausdauer sind Eigenschaften, die Respekt verschaffen, weil sie den meisten Menschen zu mühselig sind. Durch solche Merkmale können Sie daher Ihr Persönlichkeitsprofil schärfen.

Rufer in der Wüste Aber auch heute fallen Visionen immer wieder auf fruchtbaren Boden. Wer jetzt etwa neue Höchstkurse an der Börse ausruft, der macht den Anlegern nicht nur Hoffnung, sondern wird mit seinem Aktientipp auch richtig liegen – und sei es erst in zehn oder 20 Jahren. Aber fest steht: Irgendwann wird auch Ihre Botschaft wahr. Und dann ist Ihre Zeit gekommen.

Strategische Manager Auch in der Wirtschaft fühlen sich viele berufen, aber nur wenige sind auserwählt. Manager, die sich geben wie fleißige Lieschen, erinnern an schnurrende Maschinen: Emotionslos, leise und produktiv verrichten sie ihr Tagewerk. Bei Managern vom Schlage des visionären Strategen brummt und tuckert der Motor dagegen vernehmlich. Und manchmal kommt er auch ins Stocken – aber nur, weil der mentale Turbolader mal wieder überhitzt wurde.

Visionärer Impact Was will uns dieses Bild vom Motor nun sagen? Ein Unternehmen braucht immer beides: Manager und Visionäre. Vorstellungen von einer besseren Welt wollen entwickelt und schließlich irgendwie auch umgesetzt werden. Aber wer geht am Ende in die Annalen der Firmengeschichte ein? Na klar, der Manager mit dem größten Impact-Faktor. Und das dürfte wohl der Visionär sein.

➡ Impact, also psychologische Wirkung, erreicht man über Worte, die bewegen, und Taten, die berühren. Dazu gehört auch die entsprechende Sprache. Visionäre Worte müssen also gut klingen, ungeachtet der Sinnfrage. Ein basaler Grundwortschatz reicht aus, um ein sprachliches Netz zu weben, mit dem sich immer ein paar Zuhörer einfangen lassen, etwa in folgendem Stil: „Als Global Player muss man multioptionale Szenarien zielführend implementieren. Denn nur bilaterale Ressourcen schaffen den Nutzwert für innovative Synergien. Voraussetzung ist allerdings eine zeitnahe Kommunikation auf technologischer Basis, die dann stimmig upgedated werden kann. Face to face versteht sich."

Wohl auch aus diesem Grund erfreuen sich Management-Methoden großer Beliebtheit, mit denen man visionäre Gedanken besser verpacken kann. Storytelling ist so ein Verfahren, das darauf beruht, die kindliche Vorstellungswelt von Menschen anzusprechen. Aus psychologischer Sicht ähnelt das Verfahren der Werbung, die ja auch kurze Geschichten erzählt, um die Fantasie der Käufer anzuregen. Der „weiße Riese" ist schließlich nicht erfunden worden, um die Wäsche wirklich weißer zu waschen, sondern um den Glauben an eine Märchenfigur zu nutzen. Die kleinen „Fruchtzwerge" und der „Meister Propper" werden es für uns hilflose Menschen schon richten. Und weil sie nie gestorben sind, so leben sie noch heut – wenn auch nur in unserer bescheidenen Verbraucherfantasie.

Märchenfiguren

Die Wirkung von Märchen auf Kinder ist bekannt. Gebannt lauschen Sie dem Erzähler, mit großen Augen und offenem Mund. Die Geschichten von Hexen, Zauberern, Zwergen, Prinzessinnen und Rittern sind auch zu schön, um wahr zu sein. Und gerade darum träumen wir: Was wäre, wenn auch wir den Frosch küssten, wenn auch wir auf Aschenputtel träfen? Führungskräfte, die in der Lage sind, Botschaften in ansprechende Geschichten zu packen, finden mehr Zuhörer als solche, die nur Excel-Tabellen präsentieren. Bilder sind Schüsse ins Gehirn, wie der Konsumforscher Kroeber-Riel einmal formulierte. Und das gilt auch für sprachliche Bilder, also Metaphern, Fabeln und Märchen.

Infobox 9.3:
Psychologisches
Storytelling

Lügenmärchen Der Hochstapler Jürgen Harksen berichtete, wie er Anlegern von seinen Plänen erzählte, demnächst Flüge auf den Mond anzubieten. Obwohl diese Geschichte ob ihrer praktischen Unmöglichkeit haarsträubend wirkt, hat das Lügenmärchen seine Wirkung nicht verfehlt. Harksen berichtete von einigen Millionären, die sich ernsthaft auf der (natürlich nicht vorhandenen) Buchungsliste haben vormerken lassen.

„Das Wichtigste, wenn Sie
betrügen wollen: Sie müssen
Ihre Geschichte einfach und logisch
erzählen. Oder total unlogisch ..."
(Mark Z., Hochstapler)

Räuberpistolen Aus psychologischer Sicht erweist sich hier der Umstand wirksam, dass wir nur zu gern an etwas glauben mögen, was uns angenehm erscheint. So wie sich der Todkranke an jeden Strohhalm klammert, der ihm Rettung verspricht, so hängt auch der psychisch Gesunde nur allzu oft irrationalen Vorstellungen nach, die ihm Glück versprechen (Infobox 9.4). Wer solche Vorstellungen anspricht und mit Leben erfüllt, dem wird zugehört – und meist auch vertraut.

Prinzip Hoffnung Der amerikanische Psychologe Martin Seligman formulierte einmal den treffenden Buchtitel: „Pessimisten küsst man nicht" Darin drückt sich die Erkenntnis seiner Forschungen aus, dass Optimisten es deutlich leichter haben, andere Menschen für sich zu gewinnen. Eine positive Grundhaltung macht positiven Eindruck, der wiederum Attraktivität erzeugt. Wir umgeben uns entsprechend gern mit Erfolgstypen und haben eine Aversion gegenüber den immer gleichen Bedenkenträgern. Das „Prinzip Hoffnung" (Ernst Bloch) drängt uns Menschen eben immerzu nach Erfüllung.

• Hoffnung	• Liebe	*Infobox 9.4:*
• Glück	• Leben ohne Angst	*Typische Vorstel-*
• Sorgenfreie Zukunft	• Frieden	*lungen von einer*
• Freundschaft	• Harmonie	*besseren Welt*
• Freude	• Spaß	
• Lust	• Größe	
• Gesundheit	• Kraft	
• Sicherheit	• Reichtum	
• Schönheit	• Freiheit	
• Gerechtigkeit	• Geborgenheit	

So lautet denn auch ein Tipp der Online-Single-Börse Liebe.de: „Halte dich mit Problemen, Sorgen und Enttäuschungen anfangs zurück. Es würde eher den Eindruck von Notstand als von Interesse erwecken." Ehrlichkeit in allen Ehren, aber man muss seinem Gegenüber ja nicht gleich alles auf die Nase binden – und sei es noch so wahr. Die schlechte Laune darf man sich gerne verkneifen, denn mit Miesepetrigkeit tut man sich und anderen keinen Gefallen.

Bedenkenträger? Nein danke!

Auch im Impression Management gilt das eiserne Gesetz der Gastronomie: Immer lächeln! Der Gast muss stets bekommen, was der Gast sich wünscht. Sonst kommt er eben nicht mehr wieder.

Menschen neigen zum Wunschdenken, das heißt, in ihrer Fantasie und in ihren Träumen hängen sie der Vorstellung vom Glück nach, die sie im Alltag offenbar nur unzureichend antreffen. Wer die Erfüllung solcher Wünsche zumindest plausibel in Aussicht stellt, hat seine Rolle als Publikumsliebling oder auch als Guru des Heils schnell gefunden.

Publikumsjoker

*„Forever young,
I want to be forever young.
Do you really want to live forever,
forever and ever."*
(Alphaville)

Down-Aging

Wie bleibt man zum Beispiel ewig jung? Wer hier Antworten verspricht, der landet Buchbestseller und füllt Seminare. Warum auch nicht, könnte man meinen – sofern die Methode funktioniert. Aber auch hier werden wohl häufig Märchen erzählt. So wie das von Dorian Gray, der nie alterte, weil ein Gemälde für ihn die unangenehme Aufgabe der Faltenbildung übernahm. Oskar Wilde hat diese Geschichte einst erzählt und damit zugleich eine neue Modekrankheit geschaffen: das gleichnamige Dorian-Gray-Syndrom. Allerdings verleitet der Gedanke an das vorgerückte Alter auch gesunde Menschen selten zu Freudensprüngen. Deshalb fühlt man sich stets jünger, als man wirklich ist – und gibt sich dann auch so. Kleidung, Frisur, Freundin, Verhalten – alles wird einfach verjüngt. Bis zu zehn Jahren weniger ist völlig okay, wie Infobox 9.5 zeigt.

Infobox 9.5:
Gefühltes Alter

Biologisches Alter:	Gefühlte Jahresdifferenz:
30 – 39 Jahre:	-3,1
40 – 49 Jahre:	-5,6
50 – 59 Jahre:	-6,2
60 – 69 Jahre:	-10,1
über 70 Jahre:	-9,3
	(Quelle: Emnid/Focus 48/05)

Dorian-Gray-
Syndrom

Gegen solch eine gefühlte Verjüngungskur ist im Prinzip wohl auch nichts einzuwenden. Die Imageprobleme fangen erst dann an, wenn man zu sehr aus der gesellschaftlich zugewiesenen Altersrolle fällt. Von Greisen erwartet man eben, dass sie einen Krückstock in der Hand halten – und keinen Joystick.

Peter-Pan-
Syndrom

Dan Kiley, ein amerikanischer Psychologe, sieht bei Männern, die nicht erwachsen werden wollen, das so genannte Peter-Pan-Syndrom am Werk. Ihr albernes und selten altersgerechtes Macho-Verhalten führt zwar durchaus zu Aufmerksamkeit in der Öffentlichkeit, doch Aufsehen bedeutet nicht gleichzeitig auch soziale Anerkennung.

Und genau danach scheinen die betroffenen Berufsjugend-
lichen zu suchen, so wie seinerzeit wohl Michael Jackson.
Bei Frauen wird das psychologische Pendant entsprechend
Cinderella-Komplex genannt. Würde Aschenputtel einfach mehr Impression Management betreiben, so gäbe es
wohl auch weniger Probleme mit dem passenden Prinzen.
Aber das ist eine andere Geschichte.

• Macht	• Beziehungen	*Infobox 9.6:*
• Unabhängigkeit	• Familie	*Welche Motive*
• Neugier	• Status	*wirken ein Leben*
• Anerkennung	• Rache	*lang?*
• Sparen	• Eros	
• Ehre	• Essen	
• Idealismus	• Ruhe	
• körperliche Aktivität		
	(nach: Reiss, S. 34)	

Wovon träumen die Menschen denn wirklich? Was sind   *Macht der Motive*
ihre Sehnsüchte? Der Psychologe Reiss hat in einer gro-
ßen Studie weltweit nach den typischen Wünschen der
Menschen geforscht (Infobox 9.6). Anerkennung und
Macht, aber auch Idealismus treiben uns demnach an.
Wer die Antwort kennt und nutzt, der kann auch mit
den Hoffnungen der Menschen spielen. Demagogen, das
heißt Volksverführer, handeln deshalb auch hochgradig
unethisch. Aber der ernsthafte Versuch, Antworten zu finden auf die Fragen der Zukunft, der ist gestattet – und
macht den echten Visionär aus.

Wie sagte schon Antoine de Saint-Exupéry? „Wenn Du   *Visionen*
ein Schiff bauen willst, so trommle nicht Männer zusam-   *vermitteln*
men, um Holz zu beschaffen, Werkzeuge vorzubereiten,
Aufgaben zu vergeben und die Arbeit einzuteilen, sondern
lehre die Männer die Sehnsucht nach dem weiten endlosen
Meer."

Klappern gehört zum Handwerk

Irgendwelche Männer oder Frauen, die das weite Meer mögen, werden Sie doch kennen, oder? Falls nicht, so trommeln Sie eben allein weiter, bis Sie jemand erhört. Auch der sprichwörtliche Rufer in der Wüste glaubt fest an sich und seine Botschaft. Er vertritt zwar eine Außenseiterposition, diese jedoch umso mutiger. Und Mut wird bewundert, weil er von Unabhängigkeit und Standfestigkeit zeugt. Die meisten Menschen schwimmen nur mit dem Strom – wie tote Fische.

➡ Stehen Sie zu Ihrer Meinung, auch wenn sie nur von wenigen geteilt wird. Viele werden Sie für Ihren Mut bewundern, auch mal gegen den Wind zu segeln. Und das kann sich irgendwann für Sie auszahlen, weil es auch ein Alleinstellungsmerkmal ist.

10. Keep Cool – Bleiben Sie gelassen und kommunizieren Sie Ihre Erfolge!

„Everybody's darling ist everybody's Depp."
(Franz Josef Strauß)

Kennen Sie das? Sie haben einen wichtigen Termin, bei dem alles möglichst perfekt laufen soll – und dann treten Sie von einem Fettnäpfchen ins nächste.

Pleiten, Pech und Pannen

Offenbar ist es gerade der alltägliche Stress, der uns unterbewusst manchmal ein Bein stellt, über das wir dann nur zu gerne stürzen. Und das in aller Öffentlichkeit.

Stress stört

Haben Sie Kinder? Dann waren Sie wahrscheinlich auch schon mal im Büro und haben die Fingerabdrücke Ihrer Kleinen erst entdeckt, als die Kollegen über Ihr fleckiges Jackett zu lachen begannen. Aber wissen Sie was? Bleiben Sie locker. Das macht Sie sympathisch und muss kein Image-Killer sein, wie Sie vielleicht denken. Es ist eher ein K.O.-Faktor für Ihre neidische Konkurrenz. Denn wer es heute schafft, Kinder und Karriere souverän unter einen Hut zu bringen, der hat das Zeug zum Multi-Tasking. Und genau solche Menschen werden im Business gesucht.

Kinder und Karriere?

Erinnern Sie sich noch an den Film „Der große Blonde mit dem schwarzen Schuh"? Pierre Richard spielte darin den zerstreuten Geiger, der mit zwei unterschiedlichen Schuhen am Flughafen umherlief. Das war dann sein Markenzeichen im Film. Natürlich kann man dieses skurrile Ausschen peinlich finden. Aber ist es andererseits nicht origineller, man hat überhaupt ein Markenzeichen, als dass man weiterhin als „No-Name" durch die Welt spaziert?

Markenzeichen

So birgt jede scheinbar zerschlagene Porzellanvase auch die Chance, etwas Neues und Eigenes aus den Scherben zu

Perfektion verschüchtert

basteln: etwa ein sympathisches Image. Denn eines steht auch fest: Die scheinbar so perfekten Menschen machen uns immer auch etwas Angst. Schließlich fehlt ihnen doch das, was sie mit uns und all den anderen Menschen verbindet: die kleinen Unzulänglichkeiten (Infobox 10.1), die einfach zum Leben dazugehören.

Infobox 10.1:
Menschliche
Makel?

- Tollpatschigkeit beim Servieren
- Verhaspeln beim Reden
- Versprecher beim Vorlesen
- Spaghettifleck auf der Bluse
- Abstehendes Haar in der Frisur
- Stolpern beim Gehen
- Laufmasche in der Strumpfhose
- Sprachlosigkeit beim Streit usw.

Die Wandernudel

Loriot hat einmal einen wunderbaren Sketch präsentiert, in dem ihm eine Nudel, die ihm beim Essen an seiner Wange klebte, sein ganzes romantisches Date mit Heiratsantrag verdarb. Als Zuschauer lachen wir darüber. Und der Betroffene sollte es letztlich auch tun, denn es gibt schließlich immer noch die zweite und dritte Chance, bei der dann alles besser läuft.

Gelassenheit

Und auch Ben Stiller wurde im Film unsterblich, als er sich kurz vor einem bevorstehenden Date Gel in die Haare schmierte, das eigentlich keines war. „There's Something About Mary" hieß der Film, den Sie sich baldmöglichst einmal ausleihen sollten, sofern Sie ihn noch nicht gesehen haben. Dann sieht man persönliche Makel, die eigentlich ja keine sind, plötzlich wieder viel gelassener.

Schlagfertigkeit
trainieren

Natürlich kann man die eigene Schlagfertigkeit trainieren, wenn man wieder einmal angeblafft wurde und darauf völlig sprachlos war. Man ärgert sich ja schließlich am meisten über sich selbst. Und natürlich kann man immer eine Ersatzstrumpfhose oder einen Ersatzschlips einstecken, für den Fall, dass wieder ein Malheur passiert. Aber solche Maßnahmen nerven und frustrieren. Sie erinnern einen nur an all die Fehler und Pannen, die den ganzen Tag passieren können.

Viel ökonomischer und auch sinnvoller ist es, sich voll auf das zu konzentrieren, was jetzt schon gut läuft und was sich noch weiter perfektionieren lässt (Infobox 10.2). Denn daran werden Sie als Mensch am Ende gemessen: an Ihren Fähigkeiten – und nicht an den paar Schwächen, die schließlich jeder andere Mensch auch hat.

Konzentration aufs Wesentliche

- Auf Lächeln, das anderen Freude bereitet
- Auf Fähigkeiten, andere zu begeistern
- Auf Gefühle, die andere anstecken
- Auf Freundlichkeit, die gemocht wird
- Auf Wissen, das man weitergibt
- Auf Charme, den man versprüht

Infobox 10.2: Worauf sollte man sich konzentrieren?

Seien Sie gewiss: Solche Eigenschaften überlagern jede vermeintliche Schwäche und lassen große und kleine Pannen schnell vergessen. Sie als positive Persönlichkeit sollten im Mittelpunkt stehen, nicht Ihre Sorgen und Bedenken.

Cool bleiben, lautet die Devise. Wer sich über sich selbst ärgert, ist erregt und emotional belastet. In einem solchen Gefühlszustand passieren eher noch mehr Fehler, weil einem die Gelassenheit fehlt. Daher ist ein gesunder Abstand zu sich selbst und seinem Verhalten wichtig. Wie formulierte ein Politiker so schön: „Was interessiert mich mein Geschwätz von gestern ..." So sollten Sie es auch handhaben – zumindest ein bisschen. Das macht nicht nur cooler, sondern auch souveräner. Coolness kommt gut an, so wie der Song „Pokerface", der Lady Gaga seinerzeit auf Platz eins der Charts befördert hat.

Cool bleiben

Infobox 10.3:
Was ist ein
Poker-Face?

„Ein Poker-Face ist kein bestimmter Gesichtsausdruck. Es bedeutet vielmehr, dass das Verhalten eines Spielers immer völlig gleich ist, unabhängig davon, welche Hand er gerade spielt. Ob ein Poker-Spieler lustige Grimassen schneidet oder die ganze Zeit redet, ist unwichtig. Wichtig ist nur, dass sein Verhalten völlig losgelöst, also unabhängig von seinen Karten ist. ... Die Karten scheinen einen solchen Spieler völlig kalt zu lassen. Einen solchen Top-Spieler nennt man deshalb auch Zombie."

(Quelle: Pokerfieber.com)

Überplayer

Kann man eigentlich auch zu cool werden? Ja, meint king_ torbi (20) auf Mundmische.de: „Wenn jemand die Frisur eines Promis nachmacht, eine Gangster-Jacke trägt und dann noch einen auf cool macht", dann wird man leicht zum peinlichen „Überplayer".

Laufen Sie also nicht Ihren Fehlern hinterher, um diese auszumerzen. Es kommt ohnehin, wie es kommt. Wer für andere perfekt sein will, der kann nur verlieren. Stellen Sie sich lieber direkt der nächsten Aufgabe – mit Charme und Charisma.

Leben nach
eigenen Regeln

Zur Erinnerung: Menschen mit dem gewissen Etwas sind relativ frei von dem, was andere Menschen über sie denken. Sie tun, was sie meinen, und brechen mitunter auch gewohnte Regeln im Denken und Handeln. Wen stört ein einzelner falscher Schuh, den man versehentlich angezogen hat, wie Pierre Richard im Film? Vielleicht sehen es andere – und machen es nach? So wird man zum Trendsetter. Wer wissen will, wie das funktionieren kann, der sollte auch hier wieder zum Film greifen: „Forrest Gump!"

Besonderheiten
betonen

Machen Sie sich auch klar, dass Ausstrahlung nicht gleich Ausstrahlung ist. Es gibt verschiedene Charisma-Facetten (Infobox 10.4), von denen Sie mit Sicherheit auch eine besitzen. Betonen Sie immer wieder Ihre persönliche Besonderheit, dann klappt's auch mit der Ausstrahlung.

• Das „Mirum" als das Besondere, aber auch Absonderliche. • Das „Fascinans" als der besondere (zum Beispiel erotische) Reiz. • Die „Majestas" als Größe im übertragenen und überragenden Sinne. • Das „Energicum" als das vital Dynamische. • Das „Liebenswerte" im Sinne von Güte und Freundlichkeit. • Das „Tremendum" als das Schaurige und Unheimliche. <div align="right">(nach: Eibl-Eibesfeldt)</div>	*Infobox 10.4:* *Facetten von* *Charisma*

So merkwürdig es klingt, man kann auch durch vermeintliche Schaurigkeit und Absonderlichkeit Menschen für sich begeistern. Der Anblick von Marylin Manson und anderen Musikern lässt uns manchmal gruseln, und dennoch haben sie eine große Fangemeinde, die treu zu ihnen steht. Und auch ein Makel kann letztlich positive Macht über andere Menschen verleihen, denken Sie nur an das Thema des Musicals „Die Schöne und das Biest".

Grusel-Image

Was ist Impression Management letztlich? Es ist der Versuch, die eigenen Eigenschaften hervorzuheben und sich erkennbar zu machen für andere. Haben Sie also Mut, zu Ihren Besonderheiten und Auffälligkeiten als Mensch zu stehen. Das ist Teil Ihrer Stärke. Bis hin zu kleinen Marotten, über die andere lächeln mögen, die sie aber nur umso spezieller machen.

Profil zeigen

• Angelina Jolie	viele Kinder	*Infobox 10.5:*
• Dieter Bohlen	harte Worte	*Menschen und*
• Herbert Wehner	Pfeife und Aktentasche	*ihre Marken-*
• Gerhard Schröder	Brioni-Anzug	*zeichen*
• Hans-Dietrich Genscher	gelber Pullunder	
• Franz Müntefering	roter Schal	
• Winston Churchill	dicke Zigarre	
• Thomas Anders	Nora-Kettchen	
• Stefan Raab	Sprechfehler	

Scheuen Sie sich nicht, mit besonderen Merkmalen aufzufallen. Betreiben Sie im Gegenteil positive Markenpolitik in eigener Sache.

Identitäts-management

Wie und wo kann man Erfolge eigentlich gut kommunizieren? Na klar, im Internet geht es besonders gut, besonders dann, wenn man dazu herausgefordert wird. Bei Flirt-Communities gilt es, ein attraktives Profil zu gestalten, mit dem man so viele Kandidaten wie möglich erreicht. Hier heißt es also, sich eine erfolgversprechende Identität zuzulegen – und zwar in Wort und Bild.

Infobox 10.6:
Wichtige
Wortwahl

In einer Online-Singlebörsen-Studie wurde untersucht, welche Begriffe im Eigenprofil die Kontaktchancen erhöhen und welche eher nicht. Die Auswertung für Männer ist in Infobox 10.7 näher dargestellt. Bei den Texten der Frauen ist es dagegen egal, was diese schreiben. Sie bekommen immer viele Männerantworten. Unseriös (aber für suchende Männer nicht unbedingt unattraktiv) sind lediglich folgende Wörter:

• sexy
• erotisch
• zärtlich

(Quelle: Liebe.de, 2007)

Erfolge müssen also kommuniziert werden und die Kommunikation muss ebenfalls erfolgreich sein, damit man den gewünschten Eindruck vermittelt. Gerade für Männer ist die richtige Selbstdarstellung offenbar entscheidend, um beim Gegenüber anzukommen.

„Jeder lügt im Internet und
erwartet das auch von anderen!"
(Brad Pitt, Schauspieler)

1. Kultur	11. Freundeskreis
2. erhalten	12. Zwilling
3. verlässlich	13. schick
4. Kunst	14. ihrer
5. privat	15. Gegenseitig
6. Küsse	16. Partnerschaft
7. Personen	17. intelligente
8. Bereits	18. gekommen
9. Geborgenheit	19. Rotwein
10. früher	20. Erde
	(Quelle: Liebe.de, 2007)

Infobox 10.7:
Erfolgreichste
Wörter in Selbst-
beschreibungen
von Männern

Was aber muss der attraktive und solvente Vollakademiker tun, um sich vor aufdringlichen Flirtpartnern zu schützen? Er darf seinen Wortschatz ganz einfach reduzieren – und zwar auf das Wesentliche. Dabei reicht es völlig aus, wenn das Gemeinte im Geschreibsel letztlich erkennbar wird, so wie es die Liste in Infobox 10.8 zeigt.

1. Maschine	11. ziehmlich*
2. Seitensprung	12. schüchterner
3. geil	13. mailt
4. diskret	14. test
5. sexuelle	15. mollig
6. cool	16. bereuen
7. binn*	17. Girl
8. Erlichkeit*	18. wollt
9. Singel*	19. Fussball
10. Music	20. finds*
(Quelle: Liebe.de, 2007, *Schreibfehler im Original)	

Infobox 10.8:
Erfolgloseste
Wörter in Selbst-
beschreibungen
von Männern

In Sachen Erfolglosigkeit kennt sich einer ganz besonders aus: Laurence J. Peter. Er erfand das gleichnamige „Peter-Prinzip", das besagt: Jeder erreicht in seiner Karriere irgendwann die Schwelle zur Inkompetenz. Wer es bis dahin geschafft hat, ist an typischen Merkmalen erkennbar (Infobox 10.9), die gerade diese verdecken sollen.

Peter-Prinzip

133

Infobox 10.9:
Eindruck trotz
Inkompetenz

- Phonophilie, d. h. der Besitz und öffentliche Gebrauch teurer Telefone, PDAs, Laptops usw.
- Papyrophobie, d. h. ein Schreibtisch ohne Akten, der signalisiert: Schaut her, ich erledige alles sofort.
- Papyromanie, d. h. das Gegenteil der Papyrophobie. Botschaft: Seht, ich habe mehr zu tun, als jeder andere bewältigen kann.
- Tabula-Gigantismus, d. h. das sichtbare Bemühen, immer einen größeren Schreibtisch haben zu müssen als die Kollegen.

„Du darfst!"

Wollen Sie wirklich Karriere um diesen Preis machen? Die Antwort will also gut überlegt sein. Drum hält sich manch einer lieber an das Lebensmotto: „Ich will da bleiben, wo ich bin ..."

11. Never too late –
Korrigieren Sie falsche Eindrücke –
und notfalls auch sich selbst!

„Alles fließt.“
(Heraklit)

Imagekorrektur

Sie haben bereits ein Image, das aber nicht mehr zu Ihnen passt? So etwas kann ja vorkommen, denn wir werden alle älter und entwickeln uns weiter. Oder haben Sie eine Ausstrahlung, von der Ihre Umgebung jedoch nichts wissen will? Auch dann ist es an der Zeit, einmal über sich und die eigene Wirkung auf andere nachzudenken.

Rollen fürs Leben

Der Psychiater Eric Berne schildert aus seiner Berufspraxis denkwürdige Fälle, bei denen Menschen ihrer einmal gewählten Rolle ein Leben lang treu bleiben. Das ist eine furchtbare Angelegenheit, wenn man sich vorstellt, dass auch die einstmals „süße Prinzessin", der Klassen-Star aus der Grundschule, noch 40 Jahre später glaubt, eine solche zu sein. Oder der Held von früher, der Schwarm aller Mädchen, der sich auch mit 70 noch so gibt. Aber auch das Mauerblümchen ist eine traurige Figur. Es ist das unerkannte Aschenputtel, dessen Leben im Schatten verblühte, ohne je vom Prinzen gefunden worden zu sein.

Es werde Licht

Wer hier Veränderung anstrebt, der muss auch bei sich selbst anfangen. Kosmetische Korrekturen sind das eine, aber ein gravierender Lebens- und Einstellungswandel ist das andere. „Hinaus ans Licht", möchte man rufen, „und finde endlich deine Lebensrolle. Verlass die Schublade, in die du nicht hinein gehörst." (Infobox 11.1)

Der programmierte Erfolg

Meist ist es die „elterliche Programmierung", die das Leben eines Menschen dauerhaft prägt, meint Berne. Und tatsächlich ist der Mensch immer auch das Produkt seiner

Erziehung. Was lehrt uns diese Einsicht nun? Zum einen, dass Sie nichts dafür können, wenn Sie durch Ihre Erziehung in die Rolle des Indianers und nicht des Häuptlings gepresst wurden. Zum anderen dämmert uns aber auch, dass nichts unumkehrbar ist. So wie man ein Verhalten oder eine Einstellung erlernen kann, so kann man sie auch wieder verlernen. Und Umlernen geht übrigens auch. Je älter man wird, desto schwerer wird die Anpassung allerdings, weil sich die Persönlichkeit im Laufe der Entwicklung immer weiter verfestigt. Bei alten Menschen kennt man ja das Phänomen des zunehmenden Starrsinns. Bei ihnen ist ein Umdenken dann immer weniger zu erkennen. Aber man sollte die Hoffnung tatsächlich nicht aufgeben. Manchmal bedarf es lediglich ernster und wichtiger Momente, um auch der festgefahrensten Meinung wieder eine neue Richtung zu geben.

Infobox 11.1:
Typische Schub-
laden des
Charakters

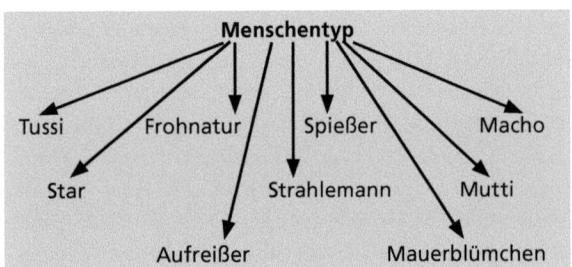

Insofern hat jeder Mensch die Chance zur Veränderung. Und sei es auch nur, indem man sein Leben umkrempelt. Oder indem man sich ein neues Auto zulegt (Infobox 11.2). Dann klappt's vielleicht auch mit dem Nachbarn. Gezieltes Impression Management hilft dabei.

1. BMW Cabrio	41 %	*Infobox 11.2:*
2. Oldtimer	38%	*Flirt-Mobile Top 5*
3. Jeep	29%	
4. Mercedes	26%	
5. VW Käfer	25%	
	(Quelle: Elite Partner Studie, 2009)	

„Früher sind wir immer durch die Straßen
gegangen und haben Mercedessterne
abgerissen. Mercedes war einfach das Auto.
Auch heute ist das für uns noch so ein Auto.
Dabei ist das voller Quatsch, das stimmt doch
überhaupt nicht. Das ist doch alles Schrott!"
(Helge Schneider)

Okay, ein Cabrio ist sicherlich nicht übel fürs eigene Renommee. Aber ein VW Käfer? Diese Studie in Infobox 11.2 darf zumindest mit einem dicken Fragezeichen versehen werden. Eindeutiger ist dagegen eine Image-Analyse (Infobox 11.3), bei der die einzelnen Marken und ihre Fahrer näher betrachtet wurden.

Smarte
Erscheinung

Wer Mini fährt, ist jung und weiblich sowie hübsch, weltläufig, fröhlich, sportlich und draufgängerisch, so die Studie. Das ideale Auto für die perfekte Frau also. Ähnlich weiblich kommt nur noch der Smart daher.

Autos machen
Leute

Das mit Abstand männlichste Auto ist der BMW. Wilder ist nur der Porsche. Ganz übel sieht es dagegen für Ford-Fahrer aus, die als unsportlich, hässlich, ältlich, dick, schüchtern aber bescheiden und beruflich erfolglos angesehen werden. Nur um den Dacia-Fahrer ist es noch schlimmer bestellt. Marktforscher Weßner, der die Umfrage verantwortet, meint aber: „Nicht wer tatsächlich eine Marke fährt, bestimmt das Image, sondern derjenige, den man sich in dem Auto vorstellt. Und dazwischen liegen oft Welten."

Infobox 11.3:
Fahrzeuge und
Fahrerimage

- Die Mini-Fahrerin: jung und sexy
- Der VW-Fahrer: fröhlich und bescheiden
- Der Audi-Fahrer: attraktiv und draufgänge-risch
- Der Ford-Fahrer: dick und schüchtern
- Die Fiat-Fahrerin: schlank und zurückhaltend
- Die Peugeot-Fahrerin: hübsch und weitläufig
- Der Opel-Fahrer: bieder und gut gelaunt
- Der BMW-Fahrer: wild und männlich
- Der Porsche-Fahrer: attraktiv und arrogant
- Der Mercedes-Fahrer: seriös und spießig
- Der Dacia-Fahrer: sparsam und hässlich
(Quelle: FAS v. 31.08.08, S. 38/
Puls-Marktforschung, Nürnberg)

Etikettenschwindel Das ist wohl richtig. Und deshalb spielt die Wahl des Autos umso mehr eine strategische Rolle für den eigenen Auftritt. Wenn Sie sich beim Autoverleih also demnächst standesgemäß Ihr Porsche-Cabrio ausleihen, dann dürfen Sie nur nicht vergessen, den kleinen Werbeaufkleber der Autovermietung an der Heckscheibe abzukleben – der ist sonst für jedermann sichtbar.

„Nur primitive Männer fahren tolle Autos,
um eine Frau rumzukriegen.
Ich mag primitive Männer."
(Sixt Werbung)

Es liegt nur an uns. Man muss es nur wollen. Und wo ein Wille ist, da ist auch ein Weg. Was sich hier liest wie ein liberales Parteiprogramm, entbehrt nicht einer realen Grundlage. Natürlich ist Veränderung schwierig. Besonders, wenn sie von innen kommen muss und nicht durch äußere Kosmetik aufgelegt wird. Aber möglich ist alles. Das zeigen auch die Beispiele von Menschen, die es offenbar geschafft haben. Self-made-Millionäre wie Richard Branson (Virgin Records) oder auch Joanne Rowling (Harry Potter) zeugen davon, dass man sein Schicksal durchaus in die eigene Hand nehmen kann.

Yes, we can

Wir haben bereits an früherer Stelle festgestellt, dass Menschen nur langsam lernen, dafür aber umso schneller vergessen. Auch diesen Sachverhalt kann man sich zunutze machen, wenn mal etwas schiefgegangen und das Image lädiert ist.

Schreiben Sie Ihre Geschichte einfach um. Entweder, Sie veröffentlichen Ihre Biografie, in der Sie alles richtigstellen, was falsch über Sie dargestellt wurde, oder Sie lancieren entsprechende Korrekturen in Wikipedia & Co. Weil heute sowieso immer weniger Menschen in Bücher und Gedrucktes gucken, stattdessen aber immer mehr Leute Google vertrauen, können Sie so die Wahrheit korrigieren. Entweder es gelingt Ihnen, alte Informationen im Internet zu löschen und durch aktuelle zu ersetzen, oder Sie überschwemmen das Netz mit so vielen geschönten Daten, dass die Unerwünschten in der Masse untergehen. Außer Journalisten, die einen Skandal enthüllen wollen, recherchiert sowieso niemand mehr gründlich. Also zählen ohnehin nur die zehn ersten von Google gezeigten Links. Der Rest bleibt ungelesen, was dann ganz in Ihrem Sinne sein kann. Halten Sie sich daher einfach an das Gildo-Prinzip (Infobox 11.4).

Biografie basteln

Merke also: Gelassenheit zählt, auch bei einem scheinbar schlechten Image. Mit der Zeit wächst Gras über fast jedes Malheur.

Infobox 11.4:
Markenzeichen
„Hossa"

Rex Gildo war bis zu seinem Tod im Jahr 1999 über 26 Jahre Deutschlands beständigster Schlagerstar. Er verkaufte in 40 Jahren über 25 Millionen Schallplatten. Sein Markenzeichen wurde der Ruf „Hossa, Hossa". Sein Schlagerlied „Fiesta Mexicana" hielt sich seinerzeit ein halbes Jahr in der Hitparade. Ein Teil seines Erfolges ist wohl auch auf seine selbstgeschriebene Vita zurückzuführen: Sein Geburtsdatum, seinen Geburtsort, den Beruf seiner Mutter, die Ausbildung zum Sänger zuerst bei den Regensburger Domspatzen, dann zum Schauspieler an der renommierten Otto-Falckenberg-Schule, dies alles war komplett frei erfunden.
(Quelle: Informationstext zur TV-Dokumentation „Legenden", daserste.de)

Nomen est omen

Wir sprachen bereits die Wahl eines neuen Namens an, als es um die E-Mail-Adresse ging. Aber was spricht dagegen, sich auch real einen neuen Namen zuzulegen? Heirat und Adoption sind gängige Wege, aber auch als Künstler kommt man leicht zum Ziel. Künstlernamen, sprich Pseudonyme, können tatsächlich genutzt und im Bedarfsfall auch in den Ausweis eingetragen werden. Dies könnte immerhin eine Chance sein für alle, die sich von der in Infobox 11.5 vorgestellten Studie betroffen fühlen.

Infobox 11.5:
Namen als
Diagnose-
instrument

Wer seinem Kind den Namen Alexander, Maximilian, Simon, Lukas oder Jakob gibt, sorgt schon früh für ein gutes Image. Bei Mädchen sorgt der Name Charlotte, Nele, Marie, Emma oder Katharina für Pluspunkte, so eine Befragung von Julia Kube unter Grundschullehrern, die im Jahr 2009 als Examensarbeit an der Universität Oldenburg durchgeführt wurde. Träger des Namens Chantal, Justin, Dennis, Marvin, Jaqueline oder gar Kevin gelten dagegen als besonders verhaltensauffällig und leistungsschwach. (Quelle: spiegel.de)

Nutzen Sie also die positive Kraft des Namens: Aus jeder Jasmin Wagner kann ein erfolgreiches „Blümchen" werden. Sie müssen es nur richtig wollen.

Das Beispiel Bundeskanzler zeigt, dass man auch als Angela Merkel in Rollen hineinwachsen kann – von der richtigen Garderobe (Infobox 11.6), bis hin zur geeigneten Frisur. Aus „Kohls Mädchen" wurde auf diese Weise fast schon die Mutter der Nation. Obwohl das ja immer Inge Meysel war – oder für andere „Mutter Beimer"?

Kohls Mädchen

1. Ole von Beust
2. Klaus Wowereit
3. Horst Köhler
4. Guido Westerwelle
5. Christian Wulff
6. Frank-Walter Steinmeier
7. Jürgen Rüttgers
8. Franz Josef Jung
9. Wolfgang Schäuble
10. Günther H. Oettinger
(Quelle: MensHealth/Best Fashion)

Infobox 11.6:
Bestgekleidete
Politiker 2008

Umgekehrt geht es natürlich auch. So wurde aus der „Stoiber-Stürzerin" Gabriele Pauli die „Latex-Lady" aus Mittelfranken, die sich mit schwarzen, langen Gummihandschuhen und Perücke in einem Lifestyle-Magazin ablichten ließ. „Gabriele Pauli kann seitdem so viele Reden im Dirndl halten, wie sie will, die Frau wird dieses halbseidene Image nicht mehr los", stellte der Spiegel (10/2008) unlängst klar.

Imagekorrektur

Und auch Rudolf Scharping, der ehemalige SPD-Chef, kommt seit seinem öffentlichen Liebesbekenntnis in der Zeitschrift BUNTE zu Gräfin Pilati offenbar auf keinen grünen Zweig mehr. Die so genannte „Mallorca-Affäre", bei der es um neckische Bilder des turtelnden Verteidi-

„Rudolf der Eroberer"

gungsministers im Swimmingpool eines mallorquinischen Hotels ging, hat seine politische Autorität bis heute nachhaltig beschädigt.

Biedermann Beck

Bei Kurt Beck wiederum war es kein Skandal, der ihn zum Rücktritt vom SPD-Chefposten zwang, sondern eher politisches Mobbing, das sich auch an seiner Igelfrisur und dem biederen Erscheinungsbild festgemacht hat.

Rudolf Scharping immerhin trennte sich bereits vor Jahren von seinem Bart, was seine Wahlchancen jedoch nur marginal erhöhte.

Phoenix aus der Asche

Aber auch Musiker kann das Schicksal ereilen, nicht mehr en vogue zu sein. So war Whitney Houston Anfang der 90er Jahre mit der Kino-Romanze „Bodyguard" auf dem Höhepunkt ihrer Popularität. Der Titelsong „I will always love you" wurde zu einem weltweiten Mega-Hit. Der Absturz folgte 2001, als ihre Drogenprobleme publik wurden und sie sich 2004 in eine Entzugsklinik begab. Aber 2009 startet sie erneut durch, clean und klanglich gefestigt, mit einem neuen Album.

Almdudler-Report

Und wer sagt, dass das Publikum nicht verzeihen kann? Stars und Sternchen wie Sascha Hehn („Schwarzwaldklinik") oder Heiner Lauterbach („Männer") haben eine nicht ganz unumstrittene Filmvergangenheit in eher textilfreien Gefilden. Aber ganz ehrlich, wen stört das heute noch? Ihrem Erfolg tut dieser Lebenslauf jedenfalls keinen Abbruch.

Street Credibility

Oder auch Dolly Buster, Domenica und Gina Wild: Ihr mehr als freizügiger Lebenswandel im einschlägigen Milieu kann geradezu als notwenige Basis für ihre mediale Glaubwürdigkeit angesehen werden. Gina Wild etwa ist als Schauspielerin längst ins seriöse Fach gewechselt und tritt heute sogar im „Marienhof" auf, einer populären ARD-Vorabendserie für Teenager. Und warum auch nicht? Street Credibility nennt man das schließlich.

Bilder sind Schüsse ins Gehirn. Das wurde bereits festgestellt. Aber manche Bilder wird man nicht wieder los. Das gilt wohl auch für Josef Ackermann, der strahlend und mit seinen zum Victory-Zeichen erhobenen Fingern in die Geschichte der Pressefotografie einging. In der Öffentlichkeit ist gerade eine solche Bildsprache geeignet, die Vorurteile gegenüber Unternehmensbossen weiter zu bestätigen. Tiefer kann ein Image in der Öffentlichkeit kaum sinken, auch wenn seine Reputation in Wirtschaftskreisen immer hoch geblieben ist, wie Umfragen zeigen.

Ramponierte Reputation

Bekannt ist auch das Beispiel der Werbung für „Fa-Seife" aus den 70-er Jahren. Die für damalige Verhältnisse sehr freizügige Kampagne für die „wilde Frische der Limonen" erregte vor allem die Gemüter der einkaufenden Hausfrauen. Sie boykottierten die Seife, weil ihnen die Werbung schlicht zu barbusig daherkam. Heute dagegen sind diese Episoden längst vergessen und der Staub der Geschichte hat sich über den damaligen Image-Skandal gelegt.

Vorsicht: Reaktanz

Und daran sieht man auch das Gute bei all der Aufregung, die ein Skandal auslösen kann. Die Zeit heilt nämlich auch hier tatsächlich alle Wunden. Alle Wunden? Nun ja, nicht ganz, denn durch die Vernetzung der Welt und durch die totale Recherchierbarkeit von Daten sind alte Geschichten heute leichter wieder auszugraben als früher. Das heißt, man sollte im Zweifel lieber einmal mehr prüfen, welche sprichwörtlichen „Leichen" noch im Keller lagern. Politiker lassen wohl aus diesem Grund zum Beispiel gern ihre alten Doktorarbeiten „verschwinden", damit die Öffentlichkeit nicht unbedingt erfährt, mit welchem Thema und mit welcher Note man zu akademischen Ehren gelangt ist.

Delete all

Persona non grata   Aber das erinnert ein bisschen an politische Regime, wo man unliebsame Wahrheiten auch einfach unter den Teppich zu kehren versucht – oder unerwünschte Personen aus Pressefotos herausschneidet.

Prinzip Glasnost   Besser ist es wohl, selbst in die Offensive zu gehen und Fakten auf den Tisch zu legen. Denn undichte Stellen, die auch erpressbar machen, gibt es in der Realität immer zu viele. Und letztlich bleibt doch die Frage, ob kleine Unzulänglichkeiten uns nicht etwas menschlicher und damit sympathischer machen?

Ein Wort zum Schluss

„Willst Du was gelten,
dann mach Dich selten."
(Volkes Stimme)

Ja, weniger ist manchmal mehr. Wer sich aus dem Fenster lehnt und sich dem Publikum entgegenstreckt, der kann bekanntlich tief dabei fallen. Denn das Eis ist dünn, auf dem man sich als Prominenter heute bewegt. Vielleicht ist es daher besser, die Gefahren der Prominenz zu vermeiden, indem man auf Popularität ganz verzichtet?

„Verständnis und Heiterkeit
sind die Signale jener Menschen,
die keiner Signale bedürfen."
(Max Lüscher)

Charakter-marketing

Schlichtheit ist an sich nichts Schlechtes. Andererseits ist selbst das gezielte Understatement schon ein sichtbares Statement zur eigenen Persönlichkeit. Und so beschreibt das vorliegende Buch – wenn man ehrlich ist – tatsächlich ein Menschenbild, das schon Erich Fromm (S. 141 f.) als den so genannten „Marketing-Charakter" bezeichnete: „Der Mensch wird zur Ware auf dem ‚Persönlichkeitsmarkt'. Das Bewertungsprinzip ist dasselbe wie auf einem Warenmarkt, mit dem einzigen Unterschied, dass hier ‚Persönlichkeit' und dort Waren feilgeboten werden."

Das Fromm'sche Menschenbild spielt ein bisschen auf die Liebe an, bei der man sich ja auch die Romantik für die Ewigkeit wünscht, aber auf dem Partnermarkt vielleicht nur die Notlösung für den Alltag findet. Keine schöne Erkenntnis, aber eine wahre. Weil man aber seinem Ziel mit Frust und beißender Sozialkritik nur wenig näherkommt, sollte man pragmatisch handeln. Wie heißt es so schön? „Träume nicht Dein Leben, sondern lebe Deine Träume."

145

Gut verpackt ist Den Traumjob, die Traumangebote und die Traumkon-
halb verkauft takte findet man nur, wenn man auch etwas dafür tut.
Fromm stellt deshalb zutreffend fest: „Der Erfolg hängt
weitgehend davon ab, wie gut sich ein Mensch auf dem
Markt verkauft, ob er ‚gewinnt' (im Wettbewerb ...), wie
anziehend seine ‚Verpackung' ist, ob er ‚heiter', ‚solide',
‚aggressiv', ‚zuverlässig' und ‚ehrgeizig' ist, aus welchem
Milieu er stammt, welchem Klub er angehört und ob er die
‚richtigen' Leute kennt." Ja, so ist es!

Das verflixte Alle sieben Jahre verliert man den Kontakt zu etwa 50
siebte Jahr Prozent seiner engen Freunde, so eine Studie der Universität Utrecht. Auch aus statistischer Sicht tut man also gut
daran, seine Netzwerke zu pflegen und immer wieder neue
Kontakte zu knüpfen. Solche Beziehungspflege lohnt –
beruflich wie privat.

Sich treu bleiben Es geht letztlich also um „Vitamin B" und ja, es geht auch
darum, sich ansprechend zu verpacken. Marketing in eige-
ner Sache heißt eben, sich erfolgreich darzustellen, sprich
zu verkaufen. Was spricht dagegen, sein Schicksal in die
Hand zu nehmen? Doch wohl nur der Einwand, dass man
sich bei allem, was man tut, letztlich auch treu bleiben
muss.

Prostitution? Denn wer sich selbst anpreist und aus der Masse hervorzuheben versucht, der läuft tatsächlich immer auch Gefahr,
sich selbst aufzugeben, sich selbst zu prostituieren. Aber
regt das heute noch jemanden auf? An dieser Stelle gelangen wir rasch in Grundsatzdiskussionen hinein, die dieses
Buch in Anspruch und Umfang sprengen würden.

Benimm, korrektes Verhalten und Anstand sind unver-
zichtbare Erfolgsfaktoren, mit denen man sicherlich nicht
gleich in die erste Liga der Stars und Sternchen aufsteigt.
Aber Understatement und Integrität sind Tugenden, die
durchaus ankommen – und das meist bei der richtigen

Zielgruppe, nämlich Menschen, die genauso denken wie Sie. Und von genau diesen wollen wir doch gerne umgeben sein, oder?

„Edel sei der Mensch,
hilfreich und gut."
(Goethe)

Quellenverzeichnis

Adolph, Alexander: Die Hochstapler, Deutschlad 2006, Dokumentation (DVD).

Back, Mitja/Schmukle, Stefan/Egloff, Boris: How extraverted is honey.bunny77@hotmail.de? Inferring personality from e-mail addresses. In: Journal of Research in Personality, 4/2008, S. 1116-1122.

Berne, Eric: Was sagen Sie, nachdem Sie Guten Tag gesagt haben?, Frankfurt 1983 (Fischer).

Bloch, Ernst: Das Prinzip Hoffnung, Frankfurt 2009 (Suhrkamp).

Bohlen, Dieter: Der Bohlenweg: Planieren statt Sanieren, München 2008 (Heyne).

Comer, Ronald: Klinische Psychologie, Heidelberg 1995 (Spektrum).

Cowell, Tony: Is it just me or is everyone famous?, London 2007 (Blake).

Eggetsberger, Gerhard: Charisma-Training: ein erfolgsorientiertes Programm zum gezielten Aufbau eines überzeugenden Persönlichkeitsprofils, München 1995 (Goldmann).

Eibl-Eibesfeldt, Irenäus: Grundriss der vergleichenden Verhaltensforschung: Ethologie, Vierkirchen-Pasenbach 2004 (Blank Media).

Freud, Sigmund: Abriss der Psychoanalyse, Frankfurt 2008 (Fischer).

Fromm, Erich: Haben oder Sein, München 2001 (dtv).

Gladwell, Malcolm: Blink!: die Macht des Moments, München 2008 (Piper).

Goffman, Erving: Wir alle spielen Theater. Die Selbstdarstellung im Alltag, München 2009 (Piper).

Gosling, Sam: Snoop. What your stuff says about you, London 2009 (Profile Books).

Grammer, Karl: Signale der Liebe: Die biologischen Gesetze der Partnerschaft, München 2005 (dtv).

Jendrosch, Thomas: Der programmierte Konsument. Psycho-biologische Grundlagen der Verhaltenssteuerung, Darmstadt 1995 (GIT).

Jendrosch, Thomas: Mut zum Risiko – Was man für den Berufserfolg von „Hochstaplern" lernen kann. In: wörkshop 3/2007, S. 20-21.

Kiley, Dan: Das Peter-Pan-Syndrom, München 1996 (Heyne).

Klum, Heidi: Natürlich erfolgreich, Frankfurt 2005 (Krüger).

Krämer, Nicole/Winter, Stephan: Impression Management 2.0. The relationship of self-esteem, extraversion, self-efficacy, and self-presentation within social networking sites. In: Journal of Media Psychology, 20 (3), 2008, S. 106-116.

Lorenz, Konrad: Über tierisches und menschliches Verhalten. Band 2, München 1988 (Piper).

Loriot: Loriots Klassiker, Berlin 1988 (Deutsche Grammophon).

Lüscher, Max: Signale der Persönlichkeit, Düsseldorf 1987 (Econ).

Mishra, Arul: Influence of contagious versus noncontagious product groupings on consumer preferences. In: Journal of consumer research, Juni 2009, S. 73–82.

Neumaier, Maria: Image-Design, Wiesbaden 2000 (Gabler).

Papacharissi, Zizi: The presentation of self in virtual life: Characteristics of personal home page. In: Journalism and Mass Communication Quarterly; Autumn 2002; 79, 3; ABI/INFORM Global, S. 643.

Peter, Laurence/Hull, Raymond: Das Peter-Prinzip, Reinbek 2001 (Rowohlt).

Piras, Claudia/Roetzel, Bernhard: Die Lady. Handbuch der klassischen Damenmode, Köln 2002 (DuMont).

Postel, Gert: Doktorspiele. Geständnisse eines Hochstaplers. Mit einem Vorwort von Gert von Berg, Frankfurt 2001 (Eichborn).

Reiss, Steven: Wer bin ich und was will ich wirklich?, München 2009 (Redline).

Roetzel, Bernhard: Der Gentleman. Handbuch der klassischen Herrenmode, Köln 2009 (Könemann).

Saint-Exupérie, Antoine de: Die Stadt in der Wüste, Berlin 1996 (Ullstein).

Seligman, Martin: Pessimisten küsst man nicht, München 2002 (Droemer Knaur).

Surowiecki, James: Die Weisheit der Vielen, München 2005 (Bertelsmann).

Todorov, Alexander et al: Inferences of competence from faces predict election outcomes. In: Science, Bd. 308, S. 1623, 10. Juni 2005.

Tramitz, Christiane: Irren ist männlich: weibliche Körpersprache und ihre Wirkung auf Männer, München 1995 (Goldmann).

Watzlawick, Paul: Menschliche Kommunikation, Bern 1995 (Hans Huber).

Willis, Janine/Todorov, Alexander: First impressions: Making up your mind after a 100-ms exposure to a face. In: Psychological Science, Bd. 17, Nr. 7, S. 592, Juli 2006.

Winter, Stephan: StudiVZ: Die virtuellen Selbstdarsteller. In: Westdeutsche Zeitung v. 21.11.08.

Stichwortverzeichnis

Stichwortverzeichnis

MIX
Papier aus verantwortungsvollen Quellen
Paper from responsible sources

FSC
www.fsc.org

FSC® C105338

If you have any concerns about our products,
you can contact us on
ProductSafety@springernature.com

In case Publisher is established outside the EU,
the EU authorized representative is:
Springer Nature Customer Service Center GmbH
Europaplatz 3, 69115 Heidelberg, Germany

Printed by Libri Plureos GmbH
in Hamburg, Germany